リニア中央新幹線をめぐって

原発事故とコロナ・パンデミックから見直す

山本義隆

みすず書房

リニア中央新幹線をめぐって　目次

本書中の表記について

・引用文中の漢数字は原則として、算用数字に置き換え、「キロメートル」「パーセント」も、引用文中も含めてkm、%表記に統一しています。また、「超伝導」は「超電導」とも表記されますが、本書では「超伝導」に統一しています。ただし、以上のいずれに関しても、新聞・雑誌記事の見出しにおいては、読者による検索の際の便を考慮して、原表記のままとしています。

・引用文中の「……」は、とくに断り書きのない限りは〔中略〕と同等の省略を表します。また、「　」で括った引用文中の「　」は、見やすくするために〈　〉で代替しています。引用文中の〔　〕は本書の著者による挿入です。

・新聞については『毎日新聞』→『毎日』、『東京新聞』→『東京』、『朝日新聞』→『朝日』、『日本経済新聞』→『日経』と略記している場合があります。

・人名は、敬称略とします。

リニア中央新幹線をめぐって

——原発事故とコロナ・パンデミックから見直す

序章　なぜいまリニア新幹線を問うのか

○・一　はじめに

２０１９年末以来ほぼこの１年間あまり、新型コロナウイルスによる感染症ＣＯＶＩＤ－19のパンデミック――以下では簡単に「コロナ」――が世界を席巻し、いまなお終息の気配が見えません。２０２１年２月７日発表のジョンズ・ホプキンス大学のまとめによると、全世界で患者数が１億５００万人を超え、死者は２３０万人に達し、そのうちアメリカ合衆国での数が最大で、死者が46万人を超すと伝えられています。

じつはこれまでも、人間の生息領域が野生の自然と接触し交錯する周辺領域で新しい感染症はぽちぽち起こっていました。感染症の発生それ自体は人間の活動の結果なのです。２０１４年に西アフリカに広まったエボラ・ウイルスによる出血熱のケースでは、一番の原因は人間によって森林の生態系が破壊されたことと見られています。ただ、これまでは人がそんなに動かなかったから、結果として局地的に封じられていたのです。もちろん14世紀のペスト（黒死病）のようにネズミを介してヨーロッパ全域に広がったケースもありますが、これとてもそのころ遠隔地との商業が盛んになってきたことの結果なのです。これまで人々の大規模な移動はほとんど軍隊に限られていました。古くは、ピサロやコルテスの軍隊が中南米に進駐したとき、免疫のない現地の先住民族は天然痘でばたばた倒れてゆきました。ほぼ100年前のスペイン風邪はアメリカ合衆国が発祥地ですが、第一次世界大戦にアメリカが参戦し、合衆国軍隊がヨーロッパに渡ったことで世界的に拡大したのです。

それにくらべて今回は、軍隊でなくとも多くの人が簡単にスピーディーに外国に行ける時代になったから、短期間にこれだけ拡大したと言えるでしょう。20世紀後半の世界でもっとも豊かで科学と技術の最先進国であったアメリカ合衆国でこれほどの被害がもたらされたことが、今回のコロナ禍を特徴づけています。つねに経済成長を追い求め大量生産・大量消費・大量廃棄の商品経済を推し進めてきた資本主義社会は、この半世紀間、廉価な労働力を調達し同時にありあまる商品を売りつけるフロンティアを求め、そして地球資源のさらなる収奪を目指して、活動範囲を拡大しつづけてきたのです。「50年のあいだに、私たちは世界の大半の地域とグローバルに接続してしまった。情報、金融、貿易、供給チェーン、観光、そしてこれらの流れすべてを下支えするインフラも含め、すべてのシステムは密接に連結している」と、2015年に出版された書物『崩壊学』に書かれています。(1) この事実、すなわち人と物の広範囲にわたる接触と国境を越える移動が疫病の急速な世界的ひろがり、すなわちパンデミックをもたらしたと言えるでしょう。

エネルギーと資源を大量に消費する資本主義経済と石油化学文明の全世界的な展開が気候変動と海洋汚染、そして環境破壊をもたらしているのであり、資本の無制約な活動のもとでの人類の生存が地球のキャパシティーを越えつつあるように思われます。この点では中国の開放経済とその大国主義的展開も、基本的には変わりありません。

その意味では、今回のコロナ禍は、いかにしてその流行を終息させるのかという当面の課題だけではなく、それを越えた先の、社会のあり方そのものの変革を、それも世界的規模で迫っているのです。

そうだとすれば、最近の新聞に「ポスト・コロナ」という言葉がよく見られるのは、それはそれで自然なことでしょう。それはコロナ後の新しい生き方を語るものです。それはそれでよいのですが、しかしそういうことを個人の心構えや生活習慣の問題として語るのは矮小にすぎます。語られるべきは、人と人のつながりのあり方やそれを支えるインフラストラクチャーを含めて、社会的な構造そのものの変革でなければならないでしょう。

○・二　リニア問題とは何か、その概略

インフラストラクチャーを含めた社会構造という点で、2020年6月27日の『東京新聞』の朝刊1面にコロナ関連の記事、

「東京アラートに疑問　解除後に感染者倍増」

とならんで

「リニア27年開業延期へ　静岡で会談　知事、工事認めず」

とあったのが象徴的で、眼を惹かれました。

「リニア」というのはJR東海（東海旅客鉄道）が計画中の、完成したら東京‐名古屋を40分、東京‐大阪を67分で結ぶと言われる中央新幹線のことであり、同時に、これまでの新幹線とは異なるその車両の「リニアモーターカー」を指します。和製英語です。

私は2019年5月、ある会で科学技術ジャーナリズムについて語る機会があり、「科学技術ジャーナリズムの役割」として以前は「啓蒙」だったが現在は「批判」でなければならないというような意味のことを語りました。たとえば「原子力」について、1950年代・60年代には、原子力とは何であり何に使いうるのかがときに期待をこめて語られていました。しかし現在では原子力のどこに問題がありどのような危険性があるのかを語らねばならない、ということです。

その一例として私は「リニア中央新幹線」を挙げました。その部分だけ、少し長いけれども、ここに再録します。(2)

とりわけ先に言った利権集団の推進する巨大プロジェクトのごときものは、往々にして地域住民への十分な説明も与えられることなく、自然環境と地域共同体の破壊をもたらすものであり、これらの弊害にたいしてこそ、科学技術ジャーナリズムには批判の役割が求められているのではないでしょうか。

ひとつだけ例をあげます。

2年ほど前に談合事件で新聞に出て以降、マスコミはあまり取り上げなくなりましたが、リニア中央新幹線計画というのがあります。談合事件は、その計画が大手建設会社にとって金のなる木であることを垣間見せたのですが、それはまさにその手のプロジェクト——暴走するプロジェクト——の典型だと思います。

これまで山体に手が加えられたことのないかけがえのない自然の残る南アルプスの深部を貫通するトンネルを掘るということは、そこから搬出される膨大な土砂の投棄もふくめて、甚大な自然破壊であり、そのことが中部日本の地下水脈にどのような影響を与えるのかは、誰にもわかりません。しかし、戦後70年間の「開発」の経験から学んだように、自然環境の破壊は、結果がわかったときには手遅れなのです。

そしてまた、東京－大阪間、遠隔操作の無人運転ということで計画が進められていますが、事故が起った際にどう対応するのか、納得のゆく説明はありません。事故が起ったときになって、またまた「想定外でした」ということで責任逃れをするのでしょうか。「絶対安全」というような専門家のお墨付きは、福島の事故以来、効力も信用も失っています。大深度地下で事故が起ったときに生じるであろう乗客のパニックを想像すると、背筋の寒いものがあります。

そもそもこれまでの新幹線の何倍かとも言われる厖大な電力を必要とする計画は、それ自体、省エネに向かう時代に逆行していますが、問題はそれだけではありません。

品川－名古屋間2027年開通、名古屋－大阪間はその後2045年開通とされていますが、品川－大阪間全通までの18年間、はたして人は、名古屋までリニア新幹線に乗り、そこで在来の新幹線に乗り換えて大阪までゆく、というような面倒なことをするのでしょうか。……

そもそも人口減少で、利用人口も減少が予想されます。それに会議など、現地にゆかなくともできる時代なのです。

外国からの観光客が増加するといっても、観光客にとっては、日本の田園地帯や河川をつぎつぎ通過する車窓風景も旅行の楽しみの一部なのです。私は以前、台湾か中国の団体客と新幹線で一緒になったことがありますが、やはり富士山が大きく見えたときには皆さんお悦びで写真を撮っておられました。名古屋までゆくのに1時間ほど早く着くからといって、旅情もなにもない殺風景な地下鉄のごとき列車に数十分も乗る方を積極的に選ぶのでしょうか。旅行者はスピードだけを望んでいるのではないのです。

とすれば、名古屋－大阪間の開通以前に赤字になる公算は大きいと思われますが、そうなるとまた国庫が尻拭いをするのでしょうか。

いずれにせよ、新幹線利用人口の減少が見込まれる21世紀の中期に、単一の電鉄会社・ＪＲ東海が東京－名古屋間、名古屋－大阪間に競合する２つの新幹線路線を持つということは、経済的合理性の観点からも大きな疑問符がつきます。


これを語ったのはもちろんコロナ以前ですが、コロナを経験した現在、問題がより切迫したものとして浮かび上がってきています。これまで想定されていたリニアの営業環境や収益予想は激変したのです。コロナ危機は戦後の高度成長期以来の日本社会に潜んでいたいくつもの問題を焙り出すことになりましたが、その典型的なひとつがこのリニア中央新幹線計画なのです。

もともと私がリニア新幹線の問題に関心を向けたのは、福島の原子力発電所（以下「原発」）の事故からです。超高速列車の運転に膨大なエネルギー（電力）を必要とすることは、物理学の常識です。物体は、加速するときには外力が必要ですが、一定の速度で動くときには外からの力を必要としないというのは、真空中での話です。大気中では空気抵抗があるため、加速はもとより一定速度を維持するためにも多量のエネルギーを要します。しかも空気抵抗は走行速度とともに急速に大きくなります。したがって時速５００㎞という超高速度にまで加速しその速度で走りつづけさせるということは、この膨大な空気抵抗にうちかつために多大な電力を要するのです。

ＪＲ東海がリニア中央新幹線構想を発表したのは２００７年です。

そのおなじ年、私は歴史書『一六世紀文化革命』を上梓し、その「あとがき」に書きました。

原子炉について言うならば、ひとたび事故が起これば恐るべき影響を与えることは、すでにチェルノブイリで実証済みである。その事故の影響の甚大さがこれまでの技術のものとは桁違いであることは、いまなお事故現場が人の立ち入りを拒み、近隣の地域の居住が制限されていることからもわかる。それだけではない。原子炉はたとえ無事故で稼働し終えたとしても、放射線に汚染された廃炉となり、大量のプルトニウムをふくめて運転期間中に蓄積された放射性廃棄物とともに、人間の時間感覚からすれば半永久的に隔離されなければならなくなる。……

放射性原子核の半減期を短縮させるような技術が見出されるとはとても考えにくいが、百歩ゆずって将来的にそのような解決策が見出されると仮定しても、それとてコストとエネルギーを要することである。とすれば、いずれにせよ、現代人が受益したエネルギー使用の後始末を何世代も後の子孫に押し付けることになり、それは子孫にたいする背信であろう。

このように原子力発電の抑制・中止を訴えていたのです。それは福島の原発事故の4年前です。しかし当時、そのような訴えは真剣には受け止めてもらえませんでした。実際、当時、一般的にはまだ原発の危険性がそれほど問題視されていなくて、それどころか電力会社や原子力村の学者や経済産業省の官僚たちの喧伝する安全神話がまかり通っていたのであり、すでに50余基を数えていた日本の原発が、さらに増設されようかという情勢にありました。エネルギーを大量に消費すること自体、社会的にそれほど問題視されていなかったのです。JR東海のリニア中央新幹線計画は、その背景で語られていました。JR東海だけではなく、東京電力・中部電力・関西電力（以下では東電・中電・関電）はリニアのために原発の増設を考えていたと思われます。

そうだとすればその4年後、２０１１年3月の福島の原発事故に直面してリニア中央新幹線計画そのものが見直されてしかるべきと思われますが、私の知るかぎり、そのような動きはまったく見られなかったのです。それどころか、政府がJR東海のリニア中央新幹線計画にお墨付きを与えたのは、東日本大震災と福島の原発事故のわずか2か月後、人々が事故の先行きに不安を抱き、事故原因の究明すらまだ緒についていない２０１１年5月だったのです。

私がリニアの問題にとくに関心を向けたのは、そのころからで、リニアに関する新聞記事に注意するようになりました。

そして今回の思いがけないコロナ禍は、日本国内においては、多くの外国人観光客を招き入れるという日本政府がこの間推進してきたインバウンド政策によって、より増幅された形で厳しい展開をみせたのです。２０２０年７月の『毎日新聞』に北陸総局の記者が「２０１５年の北陸新幹線の金沢延伸開業以降、観光客が急増していた石川県も〔コロナに〕大きな影響を受けた。人口当たりの感染者数が全国有数の多さになった県では、感染防止と経済発展を両立させる難しさが際立つ」と書いています（「記者の目」20年7月9日）。この間進められてきた新幹線の整備計画が、国内でのコロナの迅速な拡大に一役かっていたのです。

とするならば今回のコロナ禍は、在来の新幹線をスピードにおいてはるかに超えるリニア新幹線建設の根底にある、より大量の人間をより迅速に運搬することを第一義とするこれまで鉄道の技術改革を底辺で導いていた思想、そしてそのことによって社会が活性化し経済が成長するはずであるという戦後の高度成長期以来の思い込みに対して、さらには経済成長を第一義とする思想そのものに対して、その根本的見直しを迫っていると考えられます。

リニア中央新幹線計画に対する批判は、福島の原発事故とコロナのパンデミックを経験した私たちが現在の日本社会の基本的なありように対してしなければならない総点検の一環であり、脱原発と平行して進めるべき重要課題なのです。

○・三　リニアをめぐるこれまでの経緯

リニア中央新幹線をめぐるこれまでの経緯を駆け足で顧みます。

リニアの研究はすでに１９６０年代に始まっていたのですが、１９７０年に国鉄の鉄道技術研究所（のちの鉄道総合技術研究所、つまりＪＲ総研）が「磁気浮上式鉄道」として本格的なリニアモーターカー開発に着手、77年、宮崎実験線・実験センターが開設され、79年、リニア実験線建設地が山梨に決定、国鉄が分割民営化された87年には生まれたばかりのＪＲ東海にリニア対策本部が設置され、そして97年には山梨実験線で本格的走行試験が始まります。しかし時代はバブル崩壊後の長期的不況で、リニアへの世の中の関心は薄れていました。じつは運輸省（現・国土交通省、以下、国交省）は73年に中央新幹線を告示していたのですが、それは整備新幹線より優先順位の低い基本計画路線という位置づけで、リニアではなく在来の方式のものだったのです。

ＪＲ東海は、生まれて20年目の２００７年に総事業費５・１兆円全額自己負担でリニア中央新幹線を事業化するという方針を表明しました。その後、総事業費の見積もりはさらに9兆円まで膨れ上がっています。計画は、２０２７年東京（品川）～名古屋開通、45年名古屋～大阪（新大阪）開通、線路の大部分を大深度地下のトンネルで通過し、最終的に東京－大阪間を1時間ほどで結ぶというものです。２０１３年のリニア・市民ネット編著『危ないリニア新幹線』には「国家財政の上からもかなり実現困難で、ひたすら実験線ばかりを走らせているだけの、ただの厄介者になっていたリニアの処置に困惑していた国にとって、JR東海の計画発表はまさに渡りに船であったのだろう」とあります(3)。

JR東海は「全国新幹線鉄道整備法」にのっとって国にリニア中央新幹線計画の認可を申請し、それに応じて2011年に国交省は省内の「交通政策審議会」の「鉄道部会・中央新幹線小委員会」に建設の妥当性の判断を諮問、そのさい小委員会はパブリックコメントを募集し、888件のコメントが集まっています。そのうち計画の中止や再検討を訴えたものは648件(73%)、計画推進を望む意見はわずか16件、しかし小委員会の家田仁委員長(東京大学大学院工学系研究科教授)はその圧倒的多数の反対意見を完全に無視し、小委員会は「計画は妥当である」と答申しました(4)。そして福島の原発事故の2か月後、2011年の5月に政府はリニア中央新幹線計画を整備計画として決定し、建設・営業主体にJR東海を指名したのです。

国鉄はなくなりましたが、国交省には鉄道局が存在し、「公益企業」としての鉄道は民間企業であっても鉄道計画には政府の認可が必要なのです。

そして2014年に国交省はJR東海にリニア中央新幹線の着工を認可します。以前から反対の声が顕著だったにもかかわらずです。

話が大きく動くのは2016年です。この年、安倍前首相は大阪まで開通の工程を8年前倒しにして2037年大阪開通を表明し、そればかりか法改正までして総工費のうち3兆円を低利の財政投融資でJR東海に融資することを決定しました。大阪開通を前倒しにすることは、大阪の財界とともに大阪維新の会の強い要望だったのです。大阪万博・カジノ誘致・リニア新幹線という時代錯誤的な3点セットで大阪の経済を活性化させるというのがその目論見だったのですが、大阪維新の会は当時の安倍首相と菅官房長官に強く働きかけたのです。首相がそれに応じたのは国会運営と憲法改正にむけて維新の会の協力を取り付けるためだと推測されています。

それにしてもこれほど大きな問題が公の議論もなく政党間の愚劣な裏取引で決められたのだとすれば、とんでもないことです。

ともあれこうしてリニア中央新幹線は準「国策」に格上げされたのですが、そうなると早くも翌17年には、判で押したように、トンネルや駅の工事の受注をめぐって清水建設・大成建設・鹿島・大林組のゼネコン大手4社の談合が発覚しています。大手建設業にとって、9兆円ものプロジェクトはきわめておいしい話だったのです。このことは、2020年に予定されていた東京オリンピックの準備とともに、大手建設会社に絶好の金儲けの機会を作ったのであり、そのことが東日本大震災後の復興にどれだけ妨げになったかは、言うまでもないでしょう。

なお、建設業界の談合がJR東海による計画発表の直後でなく、計画が準国家プロジェクトに格上げされた2016年の翌年であったことは、この計画がトンネルの異常出水等のアクシデントで難航して、建設費用が当初の計画より大きく高騰する可能性が高いと建設業界が見ていたことを示しています。『毎日新聞』（17年3月24日）にも「南アルプストンネルなど難工事が控える。コストが膨らみ、工期が長引くリスクがつきまとう」とあります。すでに準備工事の段階で18年12月に名古屋城わきの非常口掘削中に大量の水が出て工事が約11か月間ストップし、19年4月には岐阜県中津川市で作業用トンネルが崩落し地上に直径8ｍの穴があく事故が生じ、工事が約半年間中断しています（『毎日』20年7月16日）。

かつての東海道新幹線の場合、計画は戦前の弾丸列車構想の継承で、日本坂トンネルはすでに完成し、一部区間の用地買収や新丹那トンネルの工事もある程度進んでいたのですが、それでも「工事費が当初計画の2倍になった」と記されています。また「大土木工事では数年間でも当初見積の2倍以上に工事費が高騰する」というのが青函トンネルの教訓として伝えられています(5)。実際、青函トンネルでは２０１０億の予算が3倍以上の６８９０億に膨れ上がり、そのためＪＲ北海道は財政危機に陥りました(6)。そしてそのような場合、コストのその増加分の支払いの確実性が、たんなる民間企業の事業なのか、国家が背後についているのかで決定的に異なってくるのです。様子見をしていたゼネコン各社は安倍政権の決定後一斉に食いついたのです。

リニア中央新幹線は、東京－名古屋間２８６㎞だけでも、そのうち90％近くの２４７㎞がトンネルで、しかも、自然豊かな南アルプス・赤石山脈を貫通するというものです。これに対して、静岡県の知事が県民の生活と産業を支えている大井川の水源を破壊するおそれがきわめて大きいという正当で切実な理由でもってトンネル工事の着工を認めていないわけですが、トンネル掘削それ自体はもとより、そのさいに生み出される膨大な残土の処理も含めて、甚大な自然破壊・環境破壊であることはすでに多方面から指摘されています。

その外に、地震を含めて事故対応の問題や、リニアモーターカーの強力な磁場の人体への影響、そして経済上・経営上の問題、等に対してもこれまで大きな危惧が表明されてきました。

なによりも問題なのは、ＪＲ東海が沿線住民に対して住民自身が判断できるだけの正確な情報を明らかにせず、住民からの危惧や不安の表明に対して誠実に対応してこなかったという点にあります。何回かの説明会でも、質問はひとり3回に限定され、時間が来れば質問希望者がいても機械的に打ち切るというきわめて一方的で形骸化したもので、それは「話し合った」というアリバイ作りのためのものでしかありませんでした。リニア・市民ネット編の書『危ないリニア新幹線』の松島信幸論文に書かれています。

これまでルート沿線の市町村で説明会が行なわれた。その説明の半分はパワーポイントによるリニアの説明に費やされ、地元住民が希望しているトンネル工事に伴う問題の説明は不十分だった。質疑の時間を制限したり、明確な説明を避け、消化不良のまま、強引に会を閉じてきた。

そこで見られるように、JR東海の秘密主義と傲慢さに終始した会社の論理が安全と信頼に先行するならば、原発事故と同様な構造災害が潜むであろう。(7)

パブリックコメントの無視をも含めて、アリバイとしての説明会は、これまで原発建設にあたって電力会社が地元住民にしてきたやり方とそっくりです。「今のJR東海とリニア計画は、需要や環境、安全性といった重要なテーマを、国会や国民に資料を提示し、議論していく姿勢がない」とあります（『日経ビジネス』18年8月20日）。つけ加えるならば、交通技術ライターで超伝導リニアの開発過程に詳しい川辺謙一の近著『超電導リニアの不都合な真実』には「JR東海は、山梨実験線で起きた事故やトラブルに関する情報をほとんど公開していません」とあります。この点でもJR東海は東電やその他の電力会社とそっくりで、「〈安全神話と情報隠し〉は原発と同じ構図だ」とまで語られています。(8)

2016年5月、JR東海のリニア中央新幹線建設に反対する沿線1都6県の住民ら700人以上が、国交省のリニア着工認可の取り消しを求めて東京地裁に提訴しました。その訴訟の原告団長でリニア・市民ネット代表の川村晃生は語っています。

人口減少社会で、時速500㎞で移動する必要があるのか。高度成長期の価値観のまま走り続けていることに問題はないのか。自然破壊や財政問題などの情報はオープンになっていない。将来つけを払うのは国民。全ての情報を明らかにして、国民全体で議論しなければいけない。
（『東京』16年5月17日）

そして2020年10月30日、大井川流域の住民ら107人がJR東海に対して、静岡県内区間の工事が大井川の流量を大幅に減少させ、南アルプスの希少な自然や生態系を破壊するおそれがあるとして、工事差し止めを求める訴訟を静岡地裁に起しています（『毎日』20年10月31日）。

公共計画・政策評価を専門としている千葉商科大学客員教授でアラバマ大学名誉教授の橋山禮治郎は、もと日本開発銀行（現・日本政策投資銀行）の調査部長を務め、世界の巨大プロジェクト、とりわけその失敗原因を研究してきた経歴を有していますが、彼の2014年の書『リニア新幹線　巨大プロジェクトの「真実」』は、一般にプロジェクト成功の条件として「経済性が確保されているか」「技術的な信頼性があるか」「環境を破壊することはないか」の3項目を挙げ、「この3点をすべて満たしていればプロジェクトとしては成功と言えるが、その一つでも不十分または不適切であれば、ほぼ確実に失敗に終わる」と結んでいます。そして橋山は、2011年の書『必要か、リニア新幹線』で、とくにJR東海のこのリニア中央新幹線プロジェクトについて、次のように最大限の危惧を表明しています。

内外の多くのインフラ・プロジェクトの評価に携わってきた一研究者として言えることは、本件リニア計画ほど不確定要因が多く、多くの困難とリスク（経済的、技術的、環境的）を抱えたプロジェクトは、世界中を探してもまず存在しないということである。(9)

ここでは福島の原発事故と今回のコロナ禍を経験した観点からとりわけ重要な問題、すなわちリニアの運転に要するエネルギー（電力）の問題、およびこれまで新幹線によってもたらされた東京一極集中とリニアの問題の2点を中心的に語ることから始めたいと思います。

コラム1　スポーツ新聞と山岳雑誌から

『日刊スポーツ』（19年12月5日）の「政界地獄耳」には「リニアと静岡　夢と戒め」のタイトルで書かれています。

3日、静岡県掛川市はリニューアル工事に伴う大井川の流量減少問題をテーマにした「掛川

> の水について考えるシンポジウム」を開いた。静岡新聞によれば基調講演でリニア問題を統括する静岡県環境保全連絡会議本部長の副知事・難波喬司はリニア県内区間のトンネル湧水が県外に流出しても、大井川の水が減らないとするＪＲ東海社長・金子慎の主張を「全く理解できない。流出した水は決して大井川水系に戻らず、水系全体の水は必ず減る。話にならない」と批判している。
>
> 大井川の水系を産業、生活の基礎としているいわゆる利水者は00年5月に新東名高速道のトンネル掘削工事で、簡易水道や沢が枯れた歴史を想起させ《〔ママ〕》不安視するからだ。日本道路公団に工事と水枯れの因果関係を認めさせるまでの苦労も多かったからこそ、工事前に話し合いたいのだ。……今後、カジノなど自治体は大規模施設誘致に活路を見いだそうとするだろうが、静岡の取り組みは全国の自治体の浮ついた〝夢のような〟計画の戒めとなるだろう。

スポーツ新聞だからといって侮ってはいけません。このような社会的な問題への時宜を得た着目と的確な指摘もあるのです。

そしてまた雑誌『山と渓谷』２０１５年1月号のルポには、リニア中央新幹線が停車すると予定されている長野県飯田市について、皮肉交じりに書かれています。「自治体の浮ついた〝夢のような〟計画」の例として挙げておきましょう。

飯田市を中心とする市町村はリニアを見据えた将来像を練ってきた。〔中略〕リニア開通後の来訪者は現在の1日1500人から6500人と試算。経済効果は1年間で46億円とはじく。わけても豊かな自然環境と多様な文化活動は飯田市の「売り」だ。〔中略〕しかし、中間駅の停車本数は1時間に1本。6500人を1日18時間営業での上下36本で割ると1本あたり約180人が下車する。リニアが東海道新幹線並みの座席利用率60％だとすると、そのうち3割が飯田で降りる。……なんだか変だ。その上、リニアが南アルプスや中央アルプスを貫けば、売りの自然はいったいどうなるのだろう。(10)

登山愛好家の雑誌にも批判的に取り上げられているのです。このルポでは「危機に立つ南アルプスの自然」という見出しに続いて書かれています。

静岡県では着工認可目前の9月10日、山岳4団体（静岡県山岳連盟、静岡市山岳連盟、静岡県勤労者山岳連盟、日本山岳会静岡支部）が静岡県知事に申し入れ、登山団体として初めてリニア計画に声を上げた。4団体は「南アルプスの大自然を享受してきた者として」団結し、「この地域を保全することが、リニア新幹線のトンネル工事に優先する」ことを明確に述べた。

第一章　リニアは原子力発電を必要とする

一・一　リニアに必要なエネルギー（電力）

日本で最初にリニア鉄道を考案したのは、国鉄の技術者であった川端俊夫と言われています。その川端はまた、のちにリニアの問題点として電力浪費に最初に気づいた人物でもあります。1989年8月、リニア新実験線が山梨に決定しその意味でリニアの計画がそれなりに現実味をおびたのですが、その月24日の『朝日新聞』の「論壇」に北海学園大学講師・鉄道工学、元国鉄技師の肩書で、氏が寄稿しています（図1）。見出しは「電力浪費の〈リニア〉再考を　一人当たりでは新幹線の40倍にも」とあり、本文では「JR方式リニアモーターカーは、その消費電力の膨大さが、最大の欠点なのである」と述べ、最後は「JR方式リニアモーターカーの建設は、巨大な無駄に思える」と結ばれています。たんなる省エネだけではなく、原発利用の問題をも射

論壇

電力浪費の「リニア」再考を

一人当たりでは新幹線の40倍にも

川端　俊夫

運輸省が、次世代の高速交通として注目されているリニアモーターカー（磁気浮上式鉄道）について、新実験線の建設地を山梨県に決め、来年度予算に事業費を盛り込むという。私はここ数年来、リニアモーターカーについてそのスピード面だけが華々しく取り上げられてきたことに、強い疑問を持ってきた。

JR方式のリニアモーターカーだと、最高速度は時速五〇〇キロで、東京―大阪間を一時間、札幌―千歳空港間などはわずか八分で結ぶ、といった具合である。マスコミなどでは、その高速の面だけに焦点が当てられ、その高速を得るのにどれほどの電力が消費されるのかには、ほとんど触れられない。これでは導入の是非について、国民の判断を誤らせかねない。

実は、JR方式リニアモーターカーは、その消費電力の膨大さが、最大の欠点なのである。この無人実験車が十年前、宮崎県日向市の実験線で時速五〇四キロの世界最高記録を出したとき、その消費電力は八千キロワットだった。これから実験に入る四十人乗りの実験車では、時速五〇〇キロでの消費電力を一万五千キロワットと想定している。

これは大変な電力消費である。新幹線の電車は、百人乗りで九百キロワットに過ぎないから、一人当たりにすると四十倍にもなる。こんな小さな実験車一両で、旧青函連絡船二隻分弱のエネルギーを消費する。これから省エネの努力が続けられなければならないというのに、そんなに電力を消費する高速交通機関が許されるものだろうか。

現在のエネルギー源の九七%を占めている石油・石炭・天然ガス・ウランはすべて有限である。うち石油の寿命が最も短く、経済的・技術的に採掘が可能であると確認されている確認可採埋蔵量は、現在の使用量でゆくとあと三十四年分しかない。未確認分まで含めた究極埋蔵量でも九十八年分に過ぎない（資源エネルギー庁資料から）。

石油が枯渇してくれば、石油でしか動けない自動車、航空機にとっては致命的である。代替エネルギーの開発も見通し難の現在、自動車、航空機は三十年後あたりから斜陽化し始めることが予想される。それは、物質文明衰退の先駆けとなりかねない。続いて天然ガス、ウランと資源情勢は厳しくなろう。

エネルギー環境の先行きが不透明なのに、JR方式リニアモーターカーを導入するには、まず東京―大阪間に百万キロワット級の発電所を四カ所新設することが必要になる。それも近年の電源動向からすれば、原子力発電所であろう。原発については、ソ連のチェルノブイリ事故以来国民の不安が高まっているだけではない。残滓（さんし）の放射性廃棄物の処分も宙に浮いたままで、その国民的合意は至難だ。そんな中で、エネルギー消費の方だけが先走りして「原発需要」をつくり出してゆくのは本末転倒ではないのか。

また、東海道新幹線は今でこそ輸送限界かもしれないが、石油供給の先細りが現実になって、世界経済に影響が出始めるころには、状況も変わってこよう。それなのに、完成までに二十年もかかり、十兆円を投じることになるであろうJR方式リニアモーターカーを導入することには、おおいに問題がある。

さらにいえば文明論として、ひたすらに大量消費型の高速、効率化を追求してゆくことへの疑問もある。いずれ資源危機が訪れようというのに、この無資源国はちょっと前の石油危機によるパニックを忘れ去ったように、エネルギー浪費型路線を突っ走っている。そろそろ立ち止まって考え直す時である。

私には、JR方式リニアモーターカーの建設は、巨大な無駄に思える。

（北海学園大学講師・鉄道工学、元国鉄技師、76歳）

図1　元国鉄の技師でリニアモーターカーの最初の考案者・川端俊夫によるリニア建設計画批判．（『朝日新聞』1989年8月24日の「論壇」より．許可を得て転載）

程に入れた先駆的な批判でした。ＪＲ東海にリニア対策本部が設置された2年後です。

この川端の寄稿について、翌年に交通新聞社から出た小冊子『時速５００キロ「21世紀」への助走』には「反響は大きく、〈沿線〉自治体、電力会社、エンジニア、投稿者と同じ国鉄ＯＢなどから〈本当にそうなのか〉といった質問や、リニア・マグレブに〈マイナスの関心〉を抱く層から疑問や是非論が出てきた。〈中央リニアエクスプレス構想〉を進めるＪＲ東海も……〈さあ、これから〉と意気込んでいたＪＲ総研も〈虚をつかれた〉感じで、慌てた」とあります。(11)「虚をつかれた」というこの表現は、この時点までＪＲ東海が消費電力（エネルギー）のことを真剣に考えていなかったことをはしなくも暴露しています。実際にも、１９８７年にＪＲ東海の初代社長に就任した須田寛の１９８９年の書『東海道新幹線』は、末尾でリニアに触れて、コストや騒音等の問題点を挙げていますが、所要電力への言及はありません。必要ならば東電なり中電なり関電なりがそれぞれ原発を増設してくれるであろう、というくらいの認識であったと思われます。なにしろＪＲ東海は、これらの電力会社からすれば、超大口の顧客なわけですから。

そんなわけで、川端の寄稿の11日後の9月4日の「論壇」にＪＲ側の見解として、国鉄民営化後にリニア開発を一手に引き受けてきた鉄道総合技術研究所（ＪＲ総研）の理事長で、元国鉄常務理事の尾関雅則の反論が「リニアの電力浪費論は誤解　全消費量は新幹線の約3倍で設計」という見出しで急遽投稿されました。40倍と3倍で主張が大きく違っていますが、それは川端の値が最大値で、さらに1人当たりの値を求めるさいに宮崎の実験での少人数を乗せて走ったケースで比較している（つまり小さな数で割っている）のに対して、尾関の値が平均値で、それを営業運転が始まったのちの相当大きな想定乗客数で割った値で比較したことからきた違いです。

尾関によると「東京‐大阪間のシステム設計は、時速５００km、1日平均輸送密度10万人（東海道新幹線は現在1日平均16万人）という前提で考えています。……エネルギー消費量を把握するうえで最も重要な全電力消費量については、乗客1人1km当たり約90ＷＨ（ワット時）を計画しており、これは東海道新幹線の約3倍」とあります。1日平均10万人というのは随分甘い想定で、実際にはそこまではとてもゆかないと予想されますから、おそらくこの値はかなり低く見積もった消費量と思われます。ともあれこれ以降「リニアの要する電力は新幹線の3倍」という数値がＪＲ側の公式見解として語り継がれ、一人歩きするようになりました。

先述の交通新聞社の小冊子には書かれています。

「新幹線の3倍、航空機の半分」というのが、現在のＪＲ総研の〝公式見解〟。3倍の根拠は単純。新幹線とリニアの走行抵抗（ここでは空気抵抗の意）の差だ。走行抵抗は速度の2乗に比例するから、「時速５００kmのリニアは（時速２５０kmの）新幹線のおよそ4倍強の抵抗を受ける。しかし、車両断面積を小さく（して）空気抵抗を低くしたため実際は3倍で済む」（澤田一夫JR総研浮上式鉄道開発推進本部主任部員）というもの。

実際には従来の新幹線そのものが相当に電力を必要とし、その3倍でも相当な量です。ここに触れられている澤田一夫の（三好清明との共著の）書には、リニアでは所要電力が新幹線の3倍、航空機の半分強と認めたうえで「日本の技術力を世界に示すこの新世代の鉄道は、高速であることはもちろん、低公害、省エネルギーと未来社会にふさわしい特徴を備えています」と記されています。[12] 同様にJR東海の須田寛の1994年の書『東海道新幹線三〇年』も、鉄道一般が航空機や自動車にくらべて「エネルギー消費効率の高い交通手段である」として、リニアモーターカーが「交通面からの地球環境保全、省エネルギー対策の決め手であると考える」と主張しています。[13] より大きなもの（航空機）とくらべて小さいと主張するレトリックはともかく、みずから認めた新幹線の3倍もの所要電力を「省エネルギーにふさわしい」「省エネルギー対策の決め手」と語る感覚には、とてもついてゆけません。いずれにせよ「3倍」はやはり過小評価のようです。なお、リニアが「低公害」だとか、「地球環境保全」の「決め手」と語る澤田たちや須田のあまりにもひとりよがりな主張については、第三章で触れます。

JR東海のこの見解に対する決定的な反論は、産業技術総合研究所の阿部修治の2013年の論文「エネルギー問題としてのリニア新幹線」によって与えられました。詳しくは原論文を見て頂きたいのですが、論文は走行中に働く抵抗力として「空気抵抗」だけではなく「機械抵抗」「磁気抗力」をも考慮し、そのそれぞれに対して丁寧な考察をし、その結論は、

JRリニアの消費電力は新幹線の4～5倍である〔強調山本〕

というものです。[14]

これに対するJR側からの反論は、私の知るかぎり聞かれません。阿部の議論は丁寧で綿密であり、反論しようがなかったのでしょうか。あるいは3倍でも5倍でもたいして違いはないと見ていたのでしょうか。なお川辺の書では、JR東海の環境影響評価書にあるリニアの一人あたりの炭酸ガス排出量が従来の新幹線「のぞみ」の約4倍であること、および炭酸ガス排出量はエネルギー消費量にほぼ比例しているということから、リニアの一人あたりのエネルギー消費量が新幹線の約4倍であると推定しています。[15] 応用物理学者で機械工学の研究者・新宮原正三の書には「リニアモーターカーの使用電力が、新幹線の約3－5倍程度と見積もられている」とあります。[16] この値が機械工学やエネルギー問題の研究者のあいだでほぼ認められていると見てよいでしょう。

そのため、後で詳しく見ますが、リニアの営業運転には原発の再稼動や新設が必要なのです。

コラム2　エネルギーと熱と絶対温度

ここでは、「電力を使う」ということの正確な意味を言っておきます。

エネルギーとは物体を加速する能力、物体を摩擦や空気抵抗に抗して動かしつづける能力、物体を重力に逆らって持ち上げる能力、バネを引き延ばしたり気体を圧縮したりする能力、そして物体を熱する能力等を指します。要するに自然に逆らってする活動にかならず必要とされる能力です。

エネルギーの移動の形態として「仕事と熱」があります。

物理用語としての「仕事」は、物を持ち上げるとか、気体を圧縮するとか、バネを引き延ばすとかの仕方で物体に与えられるエネルギーであり、「熱」は熱することで物体に与えられるエネルギーです。そのさい、エネルギーは保存されます。つまり物体Aと物体Bがあり、AがBに仕事をしたり熱を与えたりしたならば、その分だけAのエネルギーは減少し、Bのエネルギーは増加します。ピッチング・マシーンからボールが投げ出されるとき、マシーンはボールに仕事をするわけですが、それはマシーン内に蓄えられていたエネルギーがボールに移されることであり、その後ボールは動きつづけるわけですが、それはボールが貰ったそのエネルギーを運動エネルギーの形で保持していることを意味します。バネが引き延ばされたとき、バネになされた仕事は弾性エネルギーとしてバネに蓄えられています。

このように、エネルギーはさまざまな形態をとります。通常「電力」と呼ばれる電気的エネルギーはそのひとつです。

固体・液体・気体を問わず物体を構成している分子は無秩序な運動をしていて、その運動を熱運動と言います。無秩序ということは、全体として見た目には静止しているが、分子ひとつひとつが前後左右上下にテンデンばらばらに動いていることを言います。滝の水が流れ落ちるのは、すべての分子が下向きに揃っていて、つまり秩序だっているから、熱運動とは言えません。その熱運動のエネルギーの移動量を熱量と言います。

そして、物体が熱いということは、その物体を構成している分子の熱運動が激しいことを意味します。お風呂のお湯が熱いというのはそういうことです。その熱運動の激しさを表すのが温度（絶対温度）です。絶対0度とは熱運動が0、つまりその物体が全体として静止している状態ですべての構成分子が静止している状態を指します。したがってこれ以下の温度はありません。それに対して摂氏0度は1気圧で水が氷る温度で、これは絶対温度の273度に相当します。つまり絶対0度は摂氏マイナス273度（零下273度）です。

発電機は運動エネルギーを電気的エネルギーに変換する機械であり、電力とは発電機や電池から電流によって電気器具に供給されるエネルギーであり、それによってモーターを用いて物体を駆動させることもオーブンで物体を熱することも電球を光らせることも可能です。そのさい、通常の導線（金属線）をもちいて電流を流すと、導線には電気抵抗があり、そのため供給されたエネルギーの一部が熱となって環境中に無駄に失われます。マンチェスターのジュールが発見したので、ジュール熱と言われています。「エネルギーが環境中に失われる」とは、エネルギーが環境中の空気分子に与えられるのですが、それは回収不可能で使い物にならなくなるという意味です。物体の運動が摩擦によって減衰してゆく現象も同様です。つまりエネルギーは全体としては保存しますが、摩擦熱やジュール熱は環境中に拡散してゆき、そのため使用可能なエネルギーは減少してゆくのです。それゆえ、摩擦や空気抵抗のある地球上で運動を持続させる（列車を動かしつづける）、あるいは電気製品を使いつづけるためには、エネルギーを補給しつづけなければならないのです。

エネルギーの単位はジュール（J）でこれはエネルギーの量を表します。熱量の単位はカロリーですが、熱量もエネルギー量ですからカロリーはエネルギーの単位でもあり、1カロリーは1グラムの水を1度温めるのに必要なエネルギーで、約4・2ジュールです。それに対してワット（W）は1秒あたり1ジュールという電力（電気エネルギー）の瞬間的強さを表します。つまり100ワットの電灯を1分間＝60秒間点灯したときに消費されるエネルギーの量が6000ジュールなわけです。電気を1ワットの強さで1時間使ったときのエネルギーの量を1ワット時（WH）と言い、これは3600ジュールです。

一・二　リニアの構造と技術的な問題

正式には「磁気浮上式鉄道」と呼ばれる、つまり車両を浮上させて進めるリニア新幹線について、もう少し詳しく見るために、技術的なことを基本的な点だけ少し説明しておきます。

コイルに電流を流したものは、電磁石として磁石とおなじ働きをします。通常のモーター（電動機）は円筒形コイルの内側に回転子としてのコイルがあり、内と外の両方のコイルに電流を流すことで、2つのコイルの電磁石としての極（北極と南極）のあいだの力で内側のコイルが回転するものです。新幹線を含めて従来の鉄道では、列車に積まれたモーターの回転で車輪を回して線路上を進みます。

それに対してリニアモーターカーは、モーターの外側の円筒形コイルを切り開いて板状に伸ばし、そのコイルを何kmにもわたって並べて線路側壁のガイドウェイに固定し、内側のコイルを浮上させた車上に積み、その両コイルの電磁石の極、つまり北極（N）と南極（S）のあいだの、

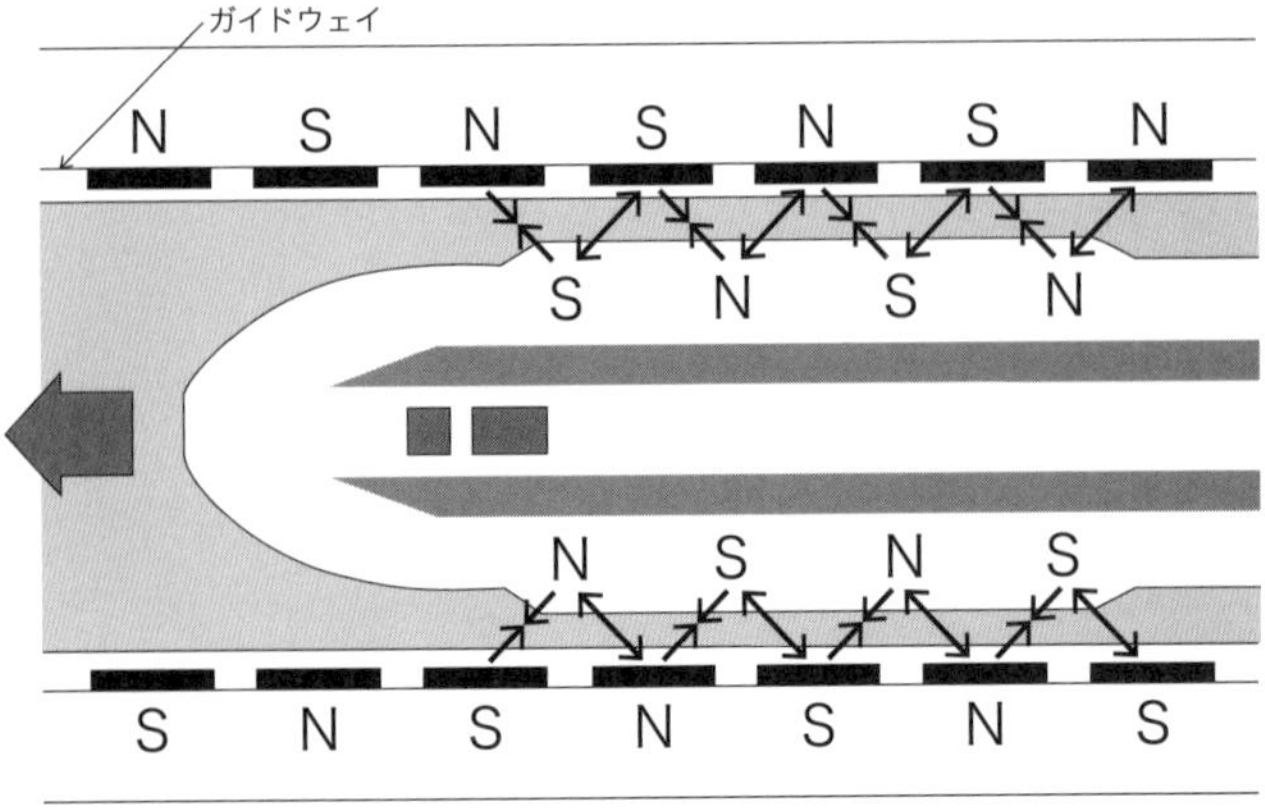

図2　車両側の電磁石としての「超伝導コイル」と，両側のガイドウェイに取り付けられた「常伝導推進コイル」の間の，N極・S極の引き合う力（→←）と，N極どうし・S極どうしの反発する力（⟷）によって車両が推進される．車両を浮上させるためには，別の電磁石の反発力が使われる．

同極どうしは反発し異極どうしは引き合うという性質を使って列車を前進させるものです（図2）。従来のモーターの円型（circular）の回転運動を線型（linear）の直進運動にしたもので、それが「リニア」という名前の由来です。そしてまた、車体を浮上させるためにもコイルの電磁石を用いています。このように磁力で浮上（magnetic levitation）させているので「マグレブ」とも呼ばれます。

なお、JR東海が計画しているリニアは車上コイルに超伝導線を使用していることで特徴づけられます。「超伝導」についてはコラム3で説明します（「超伝導」はまったく同じ意味で「超電導」とも書きます）。

そのさい、通常のモーターでは、もちろん電流は2つのコイルの両方に流されますが、リニアの場合、列車は超高速で走っているので、地上側のガイドウェイに固定されたコイルに対しては、各瞬間に列車に向き合う部分だけではなく、その前後に相当の距離にわたって電流を流さなければなりません。さらにまた車体を浮上させるためにも強力な磁場が必要になり、主要にその2つの理由で、たとえ従来の新幹線と同速度でも、余分な電力が必要なのです。それが先の阿部論文に言う「磁気抗力」による使用電力増加の原因なのです。この論文に「新幹線と同じ時速300kmで走行しても2倍のエネルギーを消費する」とあるのは、おもにそのためです。

なおこの阿部論文には、次のきわめて重要な事実、リニアの構造的欠陥が指摘されています。

一般に技術は、実際の使用の過程で欠点が明らかになれば修正され、劣った技術は市場において淘汰され、こうして改良が重ねられ進歩してゆくわけです。技術が進歩しうる条件はそういうフレキシビリティーを有していることです。自動車でも家電製品でもそうです。同様に鉄道でも、インフラとして線路が敷設されれば、その上を走る列車は、その規格に合っているかぎりで独自に進歩してゆけます。インフラはいったん出来上がれば、全面的取り替えはもとより大規模の修正も事実上不可能で、部分的な補修を除いて進歩のしようがありませんが、モーターは取り替え可能で、そのため推進機構の不断の改良・進歩が約束されていたのです。裏返せば、改良や進歩の可能性はインフラに制約されているということです。日本の鉄道が最初に事実上の世界基準であるレール間隔1435㎜の広軌（標準軌）を選ばずにレール間隔1067㎜の狭軌を選んだことが、その後の輸送能力の向上や高速化にとって大きな足かせとなったことはよく知られています。

ところがリニアは、先に言ったようにモーターの外側の円筒形コイルを開いて伸ばしてつなぎ合わせ、インフラとして地上の線路にそって何百㎞も固定したものであり、そのかぎりで推進機構そのものの抜本的な改良・進歩の途が大きく狭められているのです。技術が目まぐるしく進歩している現代では、このことはリニアの根本的な欠陥と言えます。

ここで鉄道網全体のなかに占めるリニアの特異性について触れておきます。それは他の鉄道路線との親和性がなく、そのため鉄道路線としての発展性を欠いているということです。たとえば東京都の地下鉄は郊外の私鉄と相互に乗り入れることによって都市交通として大きく発展しましたが、しかしリニアは、橋山の書にあるように「JR在来線や新幹線のように他の路線に乗り入れることはできない」のであり、その意味で「従来の新幹線との連結、相互乗り入れを遮断する特定区間だけの〈第三の鉄道〉」[17]なのです。この点について、リニアを推進してきた中心人物であるJR東海の葛西敬之会長（当時）自身が、自著『飛躍への挑戦』で「超伝導リニアシステムが適用可能な路線は東京～名古屋～大阪を結ぶ中央新幹線だけであり」、「JR東日本もJR西日本も超伝導リニアの技術を必要とする路線を持っていない」[18]と認めているのです。このようにリニアは、国内での発展性もなければ他に使い道もない孤立した技術なのです。

コラム3　超伝導と液体ヘリウム

ＪＲ東海のリニアでは車上のコイルに用いられる超伝導コイルが重要な役割を果たすので、超伝導について説明しておきます。

ある種の金属は絶対０度近くの極低温で電気抵抗が完全に０になることが知られています。「超伝導」とはその状態を指します。それに対して通常の電気抵抗のある導線の状態は「常伝導」と言います。超伝導状態にするには極低温に冷却しなければならないのですが、通常その冷却には液体ヘリウムを使います。ヘリウムは常温では気体ですが、絶対４度（摂氏零下２６９度）近くで液化するのです。

たとえば棒磁石に巻きつくように導線を巻いてその両端をつなぎ、閉じたループ状のコイルを作り、この状態で棒磁石を急速に引き抜くと、そのコイルに電流が流れます。１８３１年にイギリスのファラデーが発見した電磁誘導という現象で、これが発電機の原理です。このときこのコイルが常伝導であれば、熱（ジュール熱）が発生しこの電流は減衰し、やがてなくなってゆきます。しかし超伝導であれば、熱は発生せず、この電流はいつまでも流れつづけます。この点について、超伝導の解説書には次のように書かれています。

このようにして流れ続ける電流を永久電流といい、このような超伝導コイルの使い方を永久電流モードといいます。……実際に超伝導体の電気抵抗ゼロの実証は、この永久電流を数年間流し続けることによりおこなわれました。この永久電流実験が数年で打ち切られたのは、永久電流が減衰したためではありません。超伝導状態を維持するためには毎日液体ヘリウムを補給する必要があり、それがマンパワー的にも経済的にもたいへんで、〔そのため〕この実験は中断されました。

液体ヘリウムは、日々補給の必要が語られているように、消耗品であることに注意。この本には、次のようなことも書かれています。先にジュール熱について語りましたが、そのため発電所から電力を輸送する送電線では、かならず何%かの電力が無駄に失われます。それに対して超伝導線ではこの損失がなくなります。そうすると超伝導線で送電すれば電力の無駄なロスをなくして電力を節約できるように思われますが、問題は、超伝導状態を作ることと、その状態を維持することにあります。

我が国の主幹送電線では最高10%の送電電力がこの電気抵抗で〔ジュール熱として〕消費さ

れております。超伝導送電では、このような損失がまったくなくなるわけです。しかし実際には、超伝導線を液体ヘリウムで冷却しなければなりませんので、そのためにかなりの電力が必要であり、現状ではあまりメリットはありません(19)。

一・三　超伝導リニアをめぐる問題

先に言ったように、リニアモーターカーは線路側面のガイドウェイに固定したコイル（地上コイル）と列車に搭載したコイル（車上コイル）の両方に電流を流してそれらを電磁石にし、その極のあいだの斥力と引力をうまく使って、列車を浮上させさらに前進させるものです。JR東海が計画しているものは、車体を浮かすためにも強い磁力が必要で、そのために超伝導コイルを使用していることが特徴です。そのさい、超伝導コイルを使っているのは車上コイルだけで、地上コイルは常伝導コイルです。したがって車上コイルに対しては出発前に電流を流せば、超伝導状態が持続しているかぎりその電流はいつまでも流れつづけますが、地上コイルに対しては、当然のことながら電力を供給しつづけなければなりません。先に言った新幹線の4～5倍の電力というのは、この電力です。

ところがたとえば日本機械学会編『高速鉄道物語』には「超伝導リニアでは、……走行に必要な電力を車両に供給する必要はありません」とだけ書かれています。[20] 同様に、元国鉄の技術者で超伝導リニアモーターカーの開発を主導した京谷好泰の『リニアモータカー』でも、電力供給について触れられているのは「地上で電力を供給して車両を推進するようにしたので、推進に必要な大電力を車上に供給するための集電の必要がなくなる」の1か所だけであり、他方で「リニアモータカーの場合、この永久電流モードを使えば、車庫でコイルに電流を流し、永久電流モードにすることで、電源と接続するパワーリードを外し、営業線に出て行くことができる。このようにすると、営業中〔運転中〕はコイルに外から電力を供給する必要がなくなる」とあり、車上コイルには電力供給の必要がないことのみが強調されています。[21] これは二重に誤解を招きます。

ひとつに、雑に読むとまるで電力が不必要であるかのような印象を受けますが、運転中に電源への接続が不要なのは言うまでもなく車上コイルに対してだけです。

そしていまひとつの問題は、先の岩田の書からの引用にあったように、導線を超伝導状態にし、かつその状態を維持するのに必要な液体ヘリウムを作るためにも、相当の電力を必要とするのですが、その事実に触れていない点です。

物体を冷却するためには、自分より冷たい物体に接触させるか、あるいは外から仕事を加えなければなりません。たとえば特殊な気体を圧縮して細孔から噴出させると温度が下がることを使うというやり方があります。冷蔵庫はそのことを使っています。そのさい、気体の圧縮に電力を必要とします。そのため冷蔵庫で室温から摂氏0度近くまで冷却するためにも電力を要します。より低温になればこの過程はより困難になりますから、液体ヘリウムを作るためには相当の電力が必要なのです。

しかしそのことに触れている文献がほとんど見当たりません。数少ない例外はリニア・市民ネット編著『危ないリニア新幹線』所収の懸樋哲夫論文「リニアのジレンマ」で、そこには「液体ヘリウム冷却のために膨大な電力を要する」とあります。[22] そしてまた日本航空の技術者・中村信二の1978年の論文には、「超伝導磁気浮上式高速地表輸送機」では「超伝導状態に保つ限りコイルの損失はないが、ヘリウムの冷却、液化にかなり大きなパワー〔電力〕を必要とするし、また高価なヘリウムの散逸を防ぐことに技術的困難があると予想される」とあります。[23] しかし実際にどれだけのヘリウムを必要とするのか、私の見たかぎりでその点について書かれているのは唯一、澤田・三好の前掲書で、そこには「中央リニアエクスプレスの車両全体で、〔ヘリウムは〕大きな飛行船1隻分しか使いません」とあります。[24]「大きな飛行船1隻分」はヘリウムを気体にしたときの体積でしょうが、それがどれほどなのかはよくわからないので、列車1台走らせるのに必要なヘリウム冷却のための電力がどの程度なのかについては、少なくはない、それどころか相当多く必要だろうということは見当がつきますが、正確にはわかりません。それにしても「大きな飛行船1隻分」というような奇妙な表現は、実際の必要量をはっきりさせないためかと勘繰りたくなります。

ヘリウム冷却のための電力についてなぜ書かれていないのかというと、日本はもっぱら既製品つまり冷却して液化されたヘリウムをアメリカから相当な価格で購入しているからだと思われます。その価格については、先述の岩田の書には「1リットルで2000円程度」、京谷の書には「アメリカで1リットル1ドルのものが、日本で我々が買う時には1万円になる」とあります。[25] 2つの価格に大分開きがあるのでインターネットで調べたら、2020年10月時点でリットル4455円とありました。ちょっとしたワイン並みです。いずれにしても安いものではありません。JR東海の初代社長・須田寛の書に「リニアは超伝導磁石を装備し、この冷却などで在来車にはないコストがかかる」とあるのは、このことを指しています。[26]

ヘリウムそのものについて言うと、問題は価格だけではありません。ヘリウムは地下資源なのであって、それが採取できる国、つまり「ヘリウム井戸（ヘリウムを比較的多く含むガス田）」の見つかっている国はアメリカ合衆国とロシアとポーランド、カタール、アルジェリアだけであり、専門書には「現在の世界のヘリウム市場は量・価格ともにアメリカの動向いかんにかかわっているわけであり、EEC諸国のようにポーランドからの平行輸入を持たない日本その他の諸国は一層その度合が大きい」、「現在の技術で経済的に採取可能なヘリウム資源は……有効に利用されないままに年々減少しつつある」とあります。[27]これは1988年の書の情報で、その後、大きな変化があったのかどうかは知らないのですが、供給が不安定であることは変わらないでしょう。

最近の書には「今使われている冷媒のヘリウムは、アメリカのほぼ独占状態にあり、入手が困難でコストも高い」とあります。[28]そして2020年の川辺の書には「近年、世界全体で〈ヘリウム危機〉が起きています。ヘリウムの価格が高騰しただけでなく、供給が不安定になり、入手が困難になっているのです」とあります。[29]そんなわけで、アメリカがヘリウムを値上げしたら、それだけでリニアの経営に影響します。このように高価なばかりか希少で供給不安定な資源に依拠した技術は、そのことだけで公共的な使用にはきわめて不向きなのです。

結局、超伝導だから車上コイルに対しては電力を必要としないというのは、液体ヘリウムの購入価格に繰り込まれている超伝導状態を作るための電力を無視していることを意味します。

ヘリウムは最初太陽光線のスペクトル中に見出されたように、地球上では希少元素です。そしてまた超伝導コイルには、とくに情報通信技術の発展のために世界中で取り合いになっているニオブやチタンといった希少金属を必要とします。ヘリウムを含めて、限りある貴重な資源の使用には慎重であるべきでしょう。少なくとも日常的に相当量の使用が必要とされるような方面への使用は控えるべきです。金さえ出せばよいというものではありません。

なおJR東海のリニアは、超伝導コイルを用いているためきわめて重大な問題を抱えています。

超伝導状態は極低温で保たれるのであり、何らかの原因で温度が上昇して限界温度を超えると超伝導ではなくなります。このことをクエンチ（quench　消滅）と言います。クエンチが発生すると磁力が急激に減少し、当然、リニアは運転できなくなります。

しかし超伝導を扱っているかぎりクエンチの可能性を完全に0にすることはできません。医療用全身断層撮影装置ＭＲＩも超伝導を使っているので、クエンチ対策が講じられています。それはクエンチの発生を抑えるだけではなく、クエンチは必ず起こるということを前提として、クエンチが起こったときの対策をも当然含んでいます。

リニアでは振動する車上に積まれているので、クエンチ発生の可能性はより大きいはずです。この点について先に見た葛西会長の書には山梨実験線ではクエンチは起きていないとあり、この問題が克服されたように語っていますが、これは事実ではありません。１９９９年8月5日に山梨実験線で、車上のコイル冷却のための液体ヘリウムが漏れ、コイルの温度が上がって超伝導状態ではなくなって列車が停止した事故がありました。(30) 9月4日の『毎日新聞』に「リニア緊急停止　山梨・実験線　冷却材が流出」とあります。事故の発生から新聞報道までほぼひと月のずれがあります。ＪＲ東海は事故を伏せていたのだと思います。いずれにせよクエンチの問題は未解決で、車上の超伝導コイルは端的にトラブルの可能性のあるパーツなのです。

同様のトラブルや故障の可能性は次の点にもあります。

リニアは磁気浮上式と言われていますが、それはある程度の高速に達し電磁誘導によってコイルに流れる電流が増加し、コイルの磁場が強くなった状態でのことで、その状態に達するまでは、実はゴムタイヤで地上を走行しているのです。ゴムタイヤは側面にも使われています。そしてゴムタイヤは摩耗する消耗品で、当然パンクの可能性があり、また摩擦で熱を持ち発火する危険性も大です。火災という点では、つぎの問題もあります。前に述べたようにリニアの車両には外から電力が供給されないので、車内の照明や空調のための電力には搭載した灯油による発電機を使っていて、そのため車内の燃料タンクに灯油が貯蔵されているのだそうです。[31] ゴムタイヤのパンクといい灯油による車内発電といい、「最先端技術」とうたうわりにはなんだかずいぶんローテクな仕組みに思われますが、ともあれ灯油はきわめて燃えやすい危険物です。

そして火災は実際に実験線で起こっています。宮崎の実験線では、１９９１年10月に支持輪のゴムタイヤが破損して回転できなくなり、ゴムが摩擦で発火して列車が事実上全焼し、山梨の実験線でも、２０１９年10月に３人が重軽傷を負う火災事故が発生しています。

リニアはその大部分をトンネル内で走るので、万一火災が生じた場合トンネル内に煙が充満するということも考えられ、その意味では火災の問題はクエンチ以上に重大で深刻だと思われます。

クエンチと火災についてのこの記述は川辺謙一の書に多くを負っていますが、その書には次のように書かれています。

鉄道にとってもっとも重要なのは、輸送の安全を維持することです。

このため、従来の鉄道では、……故障を減らす工夫としては、車両や施設の構造をできるだけシンプルにして、故障する可能性がある箇所を徹底的に減らしています。……ところが超伝導リニアでは、これと真逆のことをしています。……もし超伝導リニア車両が16両編成で走るとなると、車体を支える台車が17台必要になるので、8×17＝136個のゴムタイヤ車輪が出入りして、2×17＝34台の超電導磁石を搭載することになる。……その一つでも故障すれば、正常な走行ができなくなる。……〔リニアは〕故障原因となる部品の点数を増やし、事故やトラブルが起こる確率を上げ、機械としての信頼性を低下させている。(32)

非常に明快です。

リニアは高速性を過度に重視するために走行の安定性・安全性を犠牲にしているのです。この点においてリニアは従来の新幹線とくらべて進歩しているどころか後退しているのです。

少なくとも公共の交通機関としては誤った方向を向いています。

一・四　リニアの運転と原子力発電

リニア新幹線が従来の新幹線の4ないし5倍の電力を要求するということは、当然、その営業運転のために原発の新設・稼働を必要とします。

先述の尾関の「論壇」にはさらに「現在、東京－大阪間には東京、中部、関西の三電力会社合わせて総発電能力9100万kW〔キロワット〕の発電所があります。その発電量は1日平均10億kWH〔キロワット時〕で、リニアモーターカーの電力消費量はその約0・6%に過ぎず」とあります。関東・中部・関西のこの三大電力会社をあわせれば、日本の半分を圧倒的に超える家庭と企業〔事業所と工場〕の必要電力をまかなっているはずで、その0・6%をたった1社の1路線で消費するというのは恐るべき量ですが、それを事もなげに「0・6%に過ぎず」と表現する感覚には驚かされます。正直なところ「総発電能力」と「1日平均」の関係がよくわからないのですが、というか「1日平均」が少なすぎるように思われますが、リニアの消費電力を「総発電能力」の0・6%と理解すれば、54万kWということです。

この点について国の「公式見解」は、懸樋の論考に書かれています。

リニア計画を「検証」していた国交省の「中央新幹線小委員会」は、2011年5月にリニアについて GO サインを出す報告を行なった。そのとき初めてリニアの電力消費量が公表された。《約27万kW（東京 - 名古屋間開業時、ピーク時：5本／時間、所要時間40分）》、1列車（16両編成）の消費電力について「時速500km走行時、約3・5万kW」と説明している。「ピーク時」と書いているが本数を5本にしたときの平均値である。JR東海の説明では「停車している車両もあり」、「東京 - 名古屋間は40分なので1時間当たりとするため60分の40にしている」「3・5万kWとは平坦地走行中」ということだ。つまり5本を足してそれを6分の4にした合計が27万kWだということなのである。

福島原発の大事故から2カ月の間に委員会は開催されていない。国のエネルギー政策の大転換を迫る大事件が起こったにもかかわらず、リニアのエネルギーについては何の検証もせずに結論を出したのだった。……電力消費量について明らかになったことは、国交省小委員会ではこれ以前からエネルギー問題について一切議論がなく、検討議題にもなかったことである。(33)

同様に、先述の樫田の書にも、国の見解（「リニア中央新幹線環境影響評価書」）として、中京圏まで1時間5本走らせる想定で27万kW、東京 - 大阪間が開通したのちのピーク時、1時間8本として74万kWとあり、まさのあつこの2012年の論評でも同じ数字が示されています。(34) 74万kWは事故を起した福島第一原発・第二号機の出力とほぼおなじです。

先ほど見た新宮原の書にも「〔リニアモーターカーを〕現在の新幹線と同程度の頻度で走らせるとすると、莫大な電力を必要とし、原子力発電所を再稼働どころか増設せねば、この電力は賄えないかもしれません」とあります。そして橋山の書には「山梨県立大学学長の伊藤洋氏は、同時に10編成が走行する場合には、原発3基程度が必要だと試算している」とあり、「**在来新幹線よりはるかに多くの電力を必要とするリニア新幹線は、原発の再稼働か新増設に依存することを前提として計画されている**」〔強調山本〕と断じています。[35]

どのデータを信用するにせよ、単一の企業の単一の路線としては破格の電力消費量であって、リニアは福島の原発事故以降の省エネの時代にまったく逆行した存在と言えます。

JR東海は、2007年に計画を発表した時点では、原発増設を前提としていたでしょう。JR東海内部でリニア新幹線計画を中心的に進めてきた人物は、国鉄の民営化を強引に進め、分割後、1995年にJR東海の社長に就任した葛西敬之です。2011年3月東日本大震災で東京電力の福島第一原発が崩壊したわずか2か月半後の5月24日の『産経新聞』に、当時JR東海の会長となっていた葛西はつよい調子で語っています。

原子力を利用する以上、リスクを承知のうえで、それを克服・制御する国民的な覚悟が必要である。……日本は今、原子力利用の前提として固めておくべきだった覚悟を逃げようのない形で問い直されているのだが、冷静に現実を見れば結論は自明である。今回得られた教訓を生かして即応体制を強化しつつ、腹を据えてこれまで通り原子力を利用し続ける以外に日本の活路はない。

政府は稼働できる原発をすべて稼働させて電力の安定供給を堅持する方針を宣言し、政府の責任で速やかに稼働させるべきだ。今やこの一点に国の存亡がかかっていると言っても過言ではない。

要するに事故が起こりうることは認めても、それでも原子力発電を堅持せよ、と、動揺している原発推進派を叱咤しているのです。この人物は自著で「アジア太平洋戦争」を「大東亜戦争」と表現していて、相当に時代離れした歴史観の持ち主なのかと思われますが、それにしてもかつての日本の戦争指導者のアジテーションを思わせるような、「覚悟」という根性主義的で空疎な言葉を2回ももちいて「国の存亡」とまで煽っているこの檄文は、福島原発の事故からわずか2か月半の時点では、もっとも過激な原発再稼働論だったでしょう。

何があったのかというと、このちょうど2週間前の『朝日新聞』（11年5月10日）の1面トップに「浜岡全炉　数日中に停止　中部電、首相要請を受諾」とあります。民主党の菅直人首相の要請を受け容れて中部電力が浜岡原発の運転停止を決めたのであり、葛西はこのことに大きな危機感を抱いたのでしょう。リニア中央新幹線の営業運転にとっては、東京電力・柏崎刈羽原発と中部電力・浜岡原発の増設と稼働が絶対的に必要なことを、葛西は知っていたのです。おなじころに中央新幹線小委員会の家田委員長が「保安院は浜岡原発の停止期間を2年程度としているため、現時点ではリニア計画に影響しない」と語ったことが伝えられています[36]〔傍点山本〕。リニアの運転は原発稼働を前提にしているのです。

日本が原発建設を加速させたのは１９７０年代の2度にわたる石油ショックの後ですが、すでに高度成長が終わり、バブルの崩壊を経て日本経済が長期の停滞に入り、電力需要が頭打ちになっていた１９９０年代でも、なおかつ原発拡大方針をとっていた日本政府と通産省（のちの経済産業省、以下、経産省）は、各電力会社に国策として原発新設を促していたのです。三菱重工、日立、東芝といった原発メーカー、そして原発建設にあたる大手ゼネコンの保護政策です。そんなわけで、どの電力会社も、需要があるから原発を新設するのではなく、原発を作るために新しい電力需要を掘り起こさなければならない状態に置かれていたのです。１９８６年の夏に東京電力の社長は「供給力はピーク時の需要に対して10・5％の余裕がありますが、どうもお天気のほうが心配で……残暑も短い、涼しい夏になるようです。このうえは猛暑到来を祈るのみですね」と、電力が余ることを心配していたのです。同様に89年1月には九州電力の社長が、新年の談話で「今の開発計画は10年、15年前の需要想定に基づいて進められており需要と供給に大きなかい離、アンバランスが生じています。これを適正にするためには需要を拡大しなければなりません」と表明していたのです。[37]

そして願ってもない新しい大口需要先として電力会社はリニアを見出したのです。

リニア実験線の山梨誘致が決まったのが1989年8月7日、その直後の『毎日新聞』（山梨版8月16日）には「リニアが走るにも膨大な電力が必要。近い将来（山梨県は）全国有数の原発消費県になる」との東電広報担当の談話が載せられています。[38] そして9月の『毎日新聞』（山梨版89年9月13日）には「東京電力　大月に新変電所設置　新潟・柏崎原発と直結」との見出しで、次のように書かれています。

東京電力は、リニアモーターカー誘致などに伴う今後予想される県内の電力需要の急増に対応するため、大月市内に新山梨変電所を設置するとともに、新潟県・柏崎刈羽原子力発電所と同変電所を結ぶ新送電線、群馬山梨幹線の建設を進めている。

そして「柏崎刈羽原発から原発2基分に近い150万kWを引き込み、県内や静岡県などに供給する」という東電の計画が記されています。

のちにJR東海がリニア中央新幹線計画に乗り出した段階では、今度は逆にJR側が、新設されるはずの東電・柏崎刈羽原発と中電・浜岡原発をリニアに欠かせない電源として位置付けることになります。

２０１１年東日本大震災での東電・福島第一原発４基の崩壊——不明な点は多いが、公式発表は１、２、３号機で炉心溶融、１、３、４号機で水素爆発——は、それまで通産省‐経産省と引き継がれてきた原発依存を根本的に見直す機会でした。しかし経産省も原発メーカーも電力会社も、そして原発利権に群がっている政治家や大学教授たちからなる原子力村も、それまでの行き方に対する反省を示すことなく、責任をとることもなく、原発使用の継続を図ったのです。そしてＪＲ東海もまた、リニア新幹線にかんしてそれまでの方針の堅持を表明し、そのための絶対条件として原発再稼働を確認したのです。それが上記の葛西の談話だったのです。

この方針は、その後も変わっていません。

東電の新潟県柏崎刈羽原発の全7機は福島の原発事故以来すべて停止していますが、東電は早くも２０１３年に6号機と7号機について、新規制基準にもとづく適合審査を原子力規制委員会に提出し、それにたいして２０１８年に審査合格書が交付されています。福島の事故から7年後のことで、その年の雑誌『財界にいがた』（18年8月）には「国とＪＲ東海がリニア中央新幹線開業に向け熱望する　柏崎刈羽原発再稼働」の見出しで書かれています。

世界最大の原子力発電所である柏崎刈羽原発を抱える本県――。一般に柏崎刈羽原発は「関東圏の電力需要を賄うための原発」と捉えられているようだが、その存在意義は県民が思っているよりも格段に大きく、**国が同原発の再稼働を強く望んでいることには確たる理由がある。その理由とは、2027年に開業予定のリニア中央新幹線の電力供給源として同原発の再稼働が不可欠だからだ**〔強調山本〕。

しかし福島の原発事故を経験した現在、既存の運輸や生産のシステムでさえ、消費電力削減の要求に合致しないものの淘汰が図られているなかで、電力消費においてこれまでのものの何倍にもなる新しい運輸システムを作り出すような余裕はもはやありえないのです。

国交省が2014年に公開した「中央新幹線（東京都・名古屋市間）に係る環境影響評価書に対する国土交通大臣意見」には「超伝導リニア方式は、我が国が独自に開発してきた高速鉄道技術であり、これまで人類が体験したことのない新たな輸送サービスを提供することになる。この技術は、世界をリードする技術であるとともに、我が国の技術立国としての自信・自負と将来社会への大きな希望を与えることになる」とあります。[39] しかし、経済学者・金子勝の書にあるように、もはや「原発は……過去のエネルギーになりつつある」[40] のです。世界中の国が原発をいかにして減らしてゆくのか、いかにして無くしてゆくのかに懸命の努力をしているなかにあって、そのために原発の維持どころか増設・新設さえ必要とするようなエネルギー浪費型の技術は、いかに目新しくとも周回遅れのトップランナーのようなもので、とてもじゃないが「世界をリードする技術」とは言えないでしょう。

リニア中央新幹線の運転・営業は原発の再稼働や新設と不可分であり、それゆえリニア中央新幹線計画は、本来なら福島の事故の時点で即見直さなければならなかった時代錯誤のプロジェクトなのです。

第二章　6000万人メガロポリスの虚妄

二・一　新幹線が一極集中をもたらした

さてコロナの問題ですが、コロナが日本社会に突き付けた問題のひとつは、東京一極集中の弊害なのです。そのことは日本国内ではCOVID-19の患者が東京とその周辺の県で桁違いに多いこと、東京についで人口密度の高い大阪がそれに続いていることからも理解できます。日本だけの問題ではありません。

衛生状態の良好と思われていた欧米諸国にもコロナが急速に広がっていったことは、都市への人口集中と国際的な交通網の発達が大きな原因と考えられています。ニューヨークやパリを有する一極集中の国家では、とくに顕著です。そのことは、たとえば2020年の10月はじめの報道では、患者数の多い順にトップがアメリカ、そして西欧では7位にスペイン、11位にフランス、

12位にイギリスとありますが、フランス（人口約6700万）と陸続きのドイツ（人口約8300万）は15位までに入っていないことにも現われています。そして10月末の新聞ではフランスの患者数は世界の5位に上がっています。そのことはその当時のフランスの1日あたりの患者数が飛びぬけて多いことを示しています。実際、10月17日の『毎日新聞』には欧州でコロナの「〈第2波〉加速」との見出しで、15日にフランスとドイツでともに1日あたり最大の新規感染者を数えたとありますが、その数はドイツで6638人に対してフランスでは3万人を超え、ドイツとフランスの人口比を考慮すると、ここにも独仏間の有意の差が見られます。この違いの背景に「連邦制を採るドイツは、地方分権の国として知られ」ていること、つまり「パリ一極集中のフランスに対して、ドイツでは中小の都市が国全体に分散している」ことが考えられます(41)。

実際、科学哲学や公共政策の研究者・広井良典は『毎日新聞』のインタビューで次のように分析しています。

ベルリンなどの大都市もありますが、国全体に中小都市が幅広く分散しているのがドイツの特徴です。……ドイツの〔コロナ〕被害が相対的に抑えられているのは、医療システムが整備されていることなどに加え、国全体が3密の起きにくい多極構造になっていることも見逃せないと思います。（20年7月21日）

コロナ禍が拡大した2020年7月15日の『毎日新聞』夕刊には、法政大学学長・田中優子とコラムニスト・中森明夫のエッセーが掲載されていますが、いずれもコロナとの関連で東京一極集中の危険性を指摘するものです。田中は「都内の新型コロナウイルスの感染がなかなか終息しない一因は人口の首都圏集中であろう」と語り、「東京一極集中回避」を訴えています。そして普段はもっと柔らかいテーマを扱う中森のエッセーも、めずらしく社会的な問題を正面から捉え、熱く語っています。

新型コロナウイルスによる感染者数は東京都が突出して多い。……東京は異常なのだ。1400万人もが住み、15兆円の予算はスウェーデンにも匹敵する。日本の首都であり、国会議事堂があり、皇居があって、大手企業の本社や、テレビ局や新聞社のマスメディアが密集している。一極に集中した国家中枢の異様な肥大化ぶりは、あまりにも危うい。(「ニッポンへの発言」)

今回だけはストレートに言わなければならないという中森の思いが伝わってきます。

1995年の阪神・淡路大震災は、神戸のような人口が密集している近代の大都市が地震のような自然災害に対していかに脆弱であるのかを明らかにしましたが、今回のコロナ禍によって人はあらためて、一極集中の危険性を思い知らされたのです。そしてじつは、その東京一極集中をもたらした大きな原因のひとつが、他でもない東海道新幹線でした。

高度成長末期の1972年に読売新聞社社会部が編集した『東京をどうする』という書があります。そこで学者や官僚やジャーナリストの座談会で、東京の問題としてすでに一極集中が論じられています。そのなかのある都市工学者の発言に「一番問題になっているのは、新全国総合開発計画などで生産施設を東京、京浜地区に集めることにしている点だが、もう一つは東京の吸引力が大阪や名古屋と比べてもとび抜けて高いことだ。これではよほど思い切った分散対策をとらないと東京の過密は防げない」とあります。[42] しかしその「とび抜けて高い東京の吸引力」がじつは新幹線によって担われているという事態は理解されていなかったようです。

それどころか、国鉄新幹線総局営業部長として東海道新幹線の建設にかかわった角本良平の書には、「〔1987年に始まる〕四全総〔第四次全国総合開発計画〕では東京一極集中への対策が唱えられた。その際、これまでどおり、分散政策の方法として高速交通体系の整備が強調された」とさえあります。四全総では、新幹線によって東京一極集中が緩和される、ないし防止されると判断していたのです。四全総だけではありません。この引用に「これまでどおり」とあるように、すでに1969年に策定された新全総〔新全国総合開発計画〕自体が、地域間格差の是正を目的としながら、同時に全国に新幹線網を整備する構想を表明していたのです。そして1972年の田中角栄の日本列島改造論も、一方では列島全体を新幹線や高速道路や空港で結び付けることを語りながら、他方では地方分散・格差是正をうたっていたのです。[43]

それに対してジャーナリストである川島令三のバブル期（1988年）の書に書かれています。

かつて新幹線が開通していないときは、東京－大阪間は6時間半の時間がかかった。東京－大阪間を日帰りすることはできても、現地での滞在時間はわずか2時間ほどしかなかった。これでは、日帰りで仕事などできるはずはなく、結局一泊するのが常であった。それが、新幹線の開通によって最大11時間も滞在できるようになり、一泊しなくてもすむようになった。

その結果、かつては関西圏と東京圏が別々の核として機能していたのが、新幹線の開業で東京だけが核になってしまった。行政の中心である東京のほうが都合がいいに決まっているからだ。関西に本社があった会社も、続々と東京に本社機能を移しだした。……**関西が地盤沈下したいちばん大きな原因が新幹線の開通であるといっても過言ではない**[44]〔強調山本〕。

この事実は、技術者・京谷たちリニアの共同開発者の高度成長期（1971年）の書でさえもすでに認めていたことです。

この〔第一東海道新幹線開通の〕結果、大阪、名古屋の中枢管理機能は東京の逆流効果によって東京へと吸収され、大阪、名古屋は地方的中枢管理機能を果たす都市へと再編成されることになった。その意味では**第一東海道新幹線によって大阪も名古屋も、東京都大阪区であり、東京都名古屋区になった**ということができる(45)〔強調山本〕。

2013年に出た、都市政策の専門家・市川宏雄のリニア礼賛本には「東海道新幹線の開業により、東京－大阪間の移動時間が短縮され、ビジネスマンの日帰り出張が可能になった。そのため、多くの企業では東京本店、大阪支店という2つの営業拠点を持つ必要がなくなり、大阪支店を廃止して、東京本店に一本化する動きが見られた」と、そのプロセスが描かれています(46)。

この著しい事実は、もっと実証的な研究書においても指摘されています。先述の角本の書には「〔東海道〕新幹線は……計画当局の希望とは逆に、三大都市圏、特に東京への人口集中を促進した」ことを認めています。実際同書には、東海道新幹線の開通によって「名古屋だけでなく、大阪の地盤沈下、大阪の本社機能の東京移転が始まる」とあり、人口の伸びについて「平均を高く上回るのは東京付近の3県であり、東京集中は明らかである。そのことは、三大都市交通圏において、名古屋、大阪に対する東京の人口の伸びの高さにも現れている」とあり、そのことを裏付ける詳細な数値データが与えられています(47)。そして行政学の研究者・佐々木信夫は、最近

（2019年）の書で、東京一極集中がもたらされた原因として、政治や行政の仕組みとともに、新幹線を含む高速輸送網としてのハードインフラの効果を挙げています。すなわち「高次中枢管理機能を東京に一点集中させたまま、ハードインフラの整備を先行した結果、狙いとした地方分散も職住近接の社会も実現せず、逆にストロー効果が働き、地方で稼いだ果実が瞬時に東京に吸い寄せられる構造となりました(48)」。

東海道新幹線が東京の一極集中をもたらしたという認識は、リニアに対するスタンスにかかわらず、多くの論者に共有されているのです。

かつて江戸を起点とする東海道・中山道・甲州街道・日光街道・奥州街道の基幹道路（五街道）が当時では世界有数の百万都市・江戸を作り出し、徳川幕藩体制を支えていました。五街道の整備は徳川政権による国土総合開発計画だったのです。維新後、それにかわる鉄道建設が明治統一国家の骨格を形成したのですが、戦後昭和の東海道新幹線はあらためて東京への一極集中を加速させました。ローカルな地域を超える道路網、あるいは工業化の時代にあっての鉄道網は、ひとつの地域や自治体が単独で計画したり整備したりすることはできず、国政のレベルで決定されるものであり、そのためおのずから集権的な計画にもとづくものとなります。

このようにして徳川時代から今日にいたるまでの数世紀を通して、江戸そして東京を中心とする一極的構造が形成されていったのであり、その結果生まれたのが「東京駅を中心とする半径50

kmの円内に3000万人が住み、延長500kmの東海道新幹線の沿線人口は英仏の総人口（いずれも約5500万人）に匹敵する」という20世紀末の日本の姿なのです(49)。

そしてそれは裏返しに、関東圏・中京圏・関西圏の三大都市圏の外部領域の疲弊と衰退をともなっていたのです。というのも、新幹線はそれによって結合された地域間では集中現象を生んでいますが、それと同時に、そこから外れた地域との格差をもたらしているからです。「新幹線が開通した沿線はどんどん便利になっている反面、そうした便利さから取り残された沿線で過疎化が一気に進んでいるように見えます」と原武史の書『震災と鉄道』にも指摘されているとおりです(50)。

二・二　リニアによる一極集中の加速

そして現在計画中のリニア中央新幹線は、その東京一極集中とその裏面での国内格差をさらに推し進めることになるであろうと考えられます。17年3月24日の『毎日新聞』には、リニア計画について「〈人口7千万人の巨大な都市圏が形成される〉〈東海道新幹線と2本立てとなることで災害に強い大動脈ができる〉など期待も破格だ」とあり、翌18年3月6日にもおなじことを政府の「成長戦略」として記しています（図3）。そしてこの「期待」は7000万人が6000万人に言い換えられたにしても、その後も語りつづけられます。19年9月6日の『朝日新聞』には「リニアによって東京、名古屋、大阪の三大都市圏が約1時間以内でつながって人口6千万人を超える〈巨大都市圏〉が誕生するとして、経済界の期待も大きい」とあります。

早くからリニア開発に取り組んでいた京谷たちの1971年の書に、すでに書かれています。

東海道メガロポリス地域は総面積で全国の19・2%を占めている。可住地面積でみても全国の22・4%を占めているにすぎない。しかしながら……知識や情報を核とした中枢管理機能は全国の7~8割に達しており、かつ、高密度社会を形成している。……人口についてみても全国の51・4%と半分以上の人々がこの地域に住みついている。

この地域には東京、名古屋、大阪の三大都市が配置されているのみならず、東京から大阪までの東海道沿線地域内に人口10万人以上の都市が、平均30・7㎞おきに配置されている。そして第一東海道新幹線開通以前においては東京、名古屋、大阪は、それぞれ別々の都市圏域を形成した3つのメトロポリスであった。ところが、第一東海道新幹線が開通することによって、一つの巨大な都市圏域を形成することになった。それればかりではない。三大都市圏の中間に位置する地方中核都市もそのなかに包含されて、巨帯都市――東海道メガロポリスを形成することになった。……

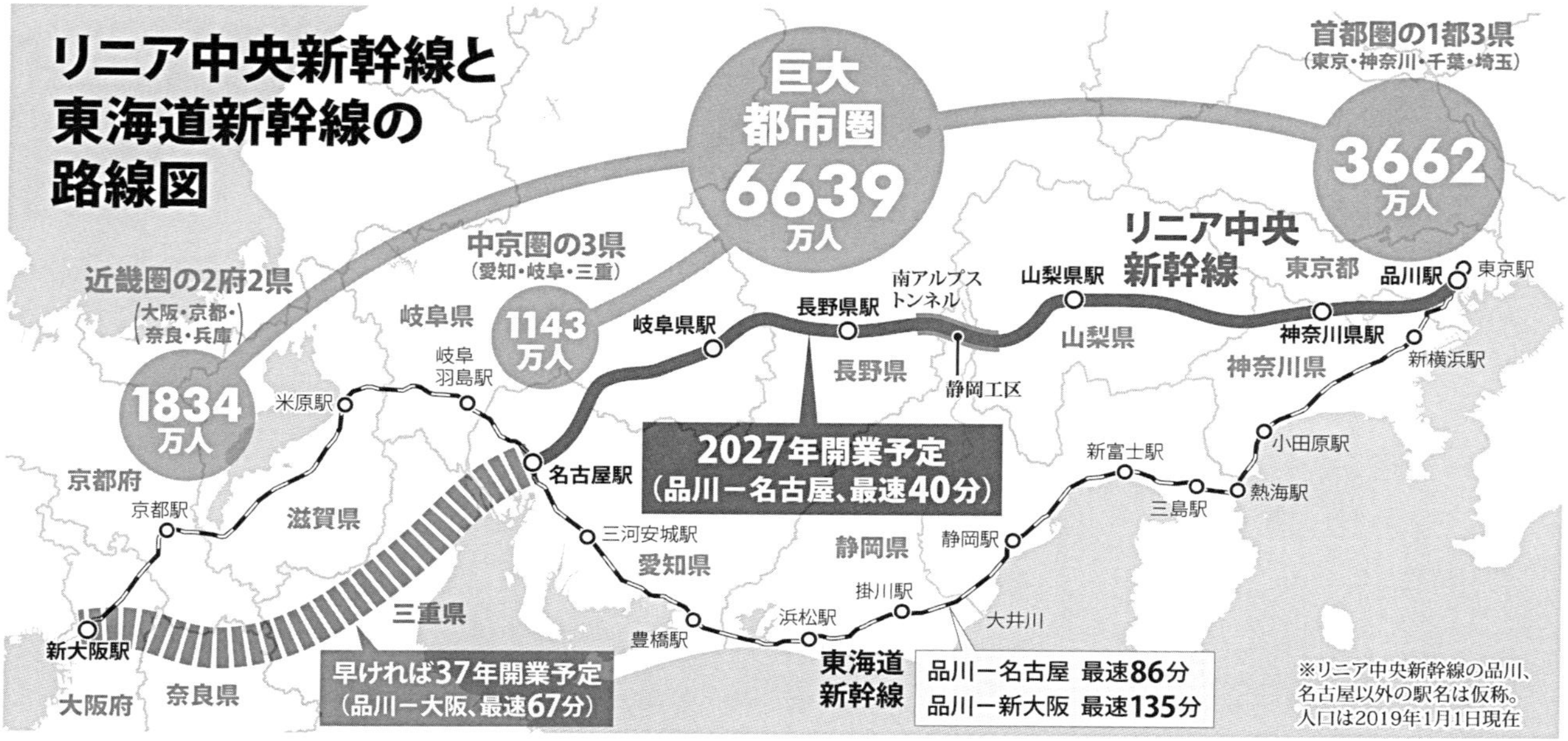

図3　リニア中央新幹線路線図.（毎日新聞社発行『月刊なるほドリ』2020年2月号より．グラフィック：清田万作．許可を得て転載）

第一東海道新幹線は東京と大阪を3時間10分で結んでいるにすぎないが、しかし第二東海道新幹線〔リニア中央新幹線〕は、東京＝大阪をわずか60分、東京＝名古屋40分、大阪＝名古屋20分で結ぶわけであるから、3つの都市は完全に一つの都市圏を形成させられるわけである。(51)

そういう大風呂敷を最初に広げたのはJR東海自身でしょうか。いつしかリニアのキャッチフレーズとして、

〔一〕高速移動による6000万人の首都圏の誕生
〔二〕首都圏を結ぶ大動脈の二重系化で災害に備える

が語られてきました。

しかし〔二〕は本当のところ付け足しです。実際、災害時に重要なのは人の輸送ではなく物資の輸送であり、それはリニアがなくともできることです。それどころか「貨物列車がなくて、モノが運べないリニアは災害時に役に立たない」のです。(52)もちろんこの「リニア」のところを「新幹線」で置き換えてもかまいません。東日本大震災の半年後に出された先述の原の書には「東北新幹線は、東北本線など在来線とは違って、被災地への救援物資を運ぶことはできません」とあ

ります。[53] 事実、東日本大震災では東北新幹線の全区間開通までに49日間かかりましたが、そのことは、震災の復興という面ではとくに問題になりませんでした。

> 東日本大震災では、東北地方に燃料を運ぶために貨物列車が日本海側を迂回するルートを走り、被災地を支えた。しかし、もし東北地方を横断するいわゆるローカル線がなければ、事はそう簡単ではなかったはずである。……ちなみに、福島と山形の間を結ぶ奥羽本線は、線路の幅が広い標準軌の山形新幹線が走り始めた時点で、貨物列車の走れる狭軌の線路はなくなっていた。……今回の震災でも、石油列車は1編成タンク車18両で、タンクローリー40台分の石油を運んでいる。短期的な収益だけみれば、採算性の低い鉄道路線も、非常時の交通手段という観点から改めて存在価値を確認する必要がある。[54]

災害時に力を発揮したのは、普段は経営のお荷物のように扱われている赤字ローカル線だったのです。ハイテクよりもローテクのほうが自然災害には強かったのです。

そしてまた、1995年1月17日の阪神・淡路大震災では山陽新幹線の全線開通には81日間を要しましたが「緊急物資を鉄道で運ぶ話はほとんど出なかった。産業活動への打撃も、道路・港湾能力の低下によるものが大きい」とあります。[55]

東海道線で第二新幹線を作ることは、自然災害に対処するための役には立たないのです。本当に地震等の自然災害に備えるというのであれば、たとえ赤字路線であろうとも普段から貨物列車の走れる線路を維持し整備しておくべきなのです。

そしてまた、日本の中央部の大規模災害に際して東海道新幹線の代役を務めうるものというのであれば、現在は金沢までですが敦賀経由で大阪まで延長が計画されている北陸新幹線が全線開通すれば、それがバイパス機能を十分果たすことになるでしょう。川辺の書には「JR東海がそれを……考慮していないのは、北陸新幹線が他社（JR東日本とJR西日本）によって運営される新幹線だからでしょう」[56]とありますが、本当にそうだとすれば何たる狭い了見かと思われます。

結局、表明されているリニア推進の中心的なうたい文句は〔一〕です。そしてそれは多くの自治体にも共有されてきました。1979年に、東京・神奈川・山梨・長野・愛知・岐阜・三重・奈良・大阪の9都府県が「リニア中央新幹線建設促進期成同盟会」（会長・愛知県知事）を発足させました。その一貫した主張が「東京・名古屋・大阪を1時間でつなげば6000万人の首都圏が現れ、経済が活性する」というものだったのです[57]。リニアによって生まれる「6000万人メガロポリス」に対する期待が、政界と財界をともに捉えていたのです。

しかしリニアによるメガロポリスの建設は、現実には首都圏への一極集中をさらに加速させることになると考えられます。先述の橋山は、福島の事故の後の書にその見通しを語っています。

「リニア開業が首都圏、中部圏、関西圏を連結し、人口6000万人の巨大都市圏（メガロポリス）を出現させる」と言う人がいる。しかし、これまでの東海道新幹線や関西国際空港の実現が、関西圏の活性化をもたらしただろうか。かえって、さらなる東京一極集中が進行し、逆に、大阪の拠点性が失われたという事実を直視すべきであろう。この上、東京－大阪間の移動時間が短縮すれば、大阪の拠点性はさらに失われる懸念もある。(58)

そして先に見た佐々木の書にも述べられています。

今後、リニア中央新幹線が早期に大阪まで開通し、スーパーメガリージョン〔超巨大都市圏〕が形成されたとしても、関西州が独自の競争力を身につけ、成長できる力を持たなければ、結局はヒト、モノ、カネが東京に吸い上げられるだけになりかねません。(59)

他方で、葛西の『飛躍への挑戦』には、JR東海にリニア対策本部が形成された1987年に、国にリニア建設を働きかける際の「大義名分」として考えたという数点の項目が書かれていますが、そのひとつに「過度の東京一極集中を改め、国土の均衡ある発展を達成するためには、発展的代替技術により東京〜名古屋〜大阪メガロポリス内の時間距離を大幅に短縮し、域内の機能的一体化を強化する必要がある」[60]とあります。そしてJR東海初代社長・須田寛の書にも同様に「首都の一極集中の是正が、国土の均衡ある発展をはかるための、まさに緊急の課題となってきたことであり、国による具体的な促進策を、早急に樹立する必要に迫られている……。この場合、〔リニア〕中央新幹線を建設し、その高速特性と大量輸送特性を活かすことが、もっとも有効な手段となるであろう」と、根拠が示されることなく語られています。[61]交通政策の専門家である佐藤信之の2013年の書にも、リニアについて「近年、ビジネス活動の東京一極集中の傾向が強まっているが、この傾向の緩和に役立つことになろう」とあります。[62]さらには国土庁計画・調整局総合交通課長という肩書の神谷拓雄は1989年の論考で「四全総は、多極分散型国土の形成をわれわれに課された最重要課題として位置付けた。……政府機関の一部移転も決定され、遷都そのものについても議論が積み重ねられている」と語りながら「リニア導入の効果は、そうした分散策と独立して発揮されうるものでは決してない。両々相俟って初めて現れる」と結んでいます。こうなるとほとんど理解不可能です。[63]

しかし次節に詳しく見るように、東海道新幹線がもたらしたものを冷静に顧みるならば、やはり葛西や須田や佐藤のこれまでの予測は誤りで、橋山や佐々木の最近の見通しが正しく、東海道新幹線がこの半世紀にわたってもたらした東京一極集中を、リニア中央新幹線はさらに推し進めることになるであろうと考えられます。

そして本質的な問題は、むしろ事実がそうであるということを認めたうえで、「６０００万人メガロポリス」に表現される東京へのさらなる集中をどう評価するのかにあります。橋山は、福島の事故直前の書で「〈中央新幹線整備計画〉の是非を決定する政府の責任は重大である。東京－大阪間に第二新幹線を開通させることによって、三大都市圏とりわけ東京へ政治・行政・人口・産業・経済・金融・情報・文化・教育・医療等をさらに集中させることが、わが国の将来にとって望ましいのか」とストレートに問題を提起しています。[64] あきらかにリニア中央新幹線が東京一極集中をさらに加速させるという予測を前提としたうえでの問題提起です。そしてそれは東海道新幹線のもたらした効果から判断して、そうとうに蓋然性のある予測なのです。

そして他でもない人口のみならずほとんどすべての社会的機能が一極に集中している、にもかかわらず、エネルギーや食料やその他の生活必需物資の多くを地方あるいは外国に依拠している——外国の廉価な労働力に依拠している——そういう社会構造が、地震や近年頻発する大規模な風水害に対してだけではなく、コロナのようなパンデミックに対してもきわめて脆いということを、私たちはこの間学んだのです。その意味においても、リニア中央新幹線は見直されるべきプロジェクトなのです。

二・三　新幹線幻想からの決別

東海道新幹線の「成功」を受けて、1969年の新全国総合開発計画（新全総）は、その計画の要旨を、日本列島の主軸を形成する新幹線を含む高速交通施設の整備として語っています。

この主軸の整備によって、南北に細長い日本列島の各地域間の時間距離は、著しく短縮され、一体化して、地域相互間の社会的、経済的、文化的格差は解消されるとともに、首都東京の中枢管理機能を十分発揮させることができ、それによって、大中核都市の機能はより強化充実され、さらに、主軸と地方中核都市を結ぶ交通体系をすみやかに整備することとあいまって、はじめて各地域の社会的、文化的水準は一様に著しく向上し、開発可能性は拡大され、均衡化される。

全国に広がる新幹線網によって、地域格差が解消され、経済的・社会的・文化的水準が一様に向上するという、まことにありがたい御託宣でした。こうして各地に新幹線幻想が生まれ、新幹線待望論が自治体や政治家のあいだから語られるようになったのです。新幹線開通を切望したのはもちろん中間の停車駅のある自治体も同様です。しかし70年代山陽新幹線、80年代東北・上越新幹線、90年代に長野新幹線として始まり現在は金沢まで開業されている北陸新幹線と続いた新幹線の建設は、本当のところそれらの沿線の地方と都市になにをもたらしたのでしょうか。

この新全総の文書は1995年の角本の書から引いたものですが、その書には、当初は「交通が便利になれば不便だった地域はすべて発展すると単純に考えられた」のであるが「今日では交通の〈ストロー効果〉が広く認識され、2つの地域を交通路線で結べば、人口の大きい地域、経済の発展した地域に有利に働くことが周知されている」と指摘されています。[65] それまで東京に出るのに数時間かかっていた地方都市が新幹線開通によって1時間以内で行けるようになった場合、一般的には、休日にその都市から東京に行く人の数やその人たちが東京で使うお金のほうが、東京からその都市に来る人の数やその人たちがその都市で使うお金より多いということです。

新幹線開通3年後の1967年の運輸調査局による新幹線の沿線地域への影響に関する中間報告に「新駅（新横浜、岐阜羽島、新大阪）周辺がどのように開発されていくかは、新幹線の機能が都市形成に及ぼすモデルケースとして期待される」とあります。[66] しかしそのずっとのち、今世紀になって地域経済の研究者である藻谷浩介は「〔東海道新幹線の停車駅〕岐阜羽島や米原、三河安城などに代表される駅周辺区画整理には経済的な成功例はないし、新横浜や新大阪の周辺が地域の都市的な拠点に育ったという事実もない。駅周辺に商業集積の進んだ〔北陸新幹線の〕佐久平ですら、市全体の小売販売額はほぼ横ばいで……」と指摘しています。[67] とくに佐久平について言うと「新幹線の新駅ができた佐久平の周辺の発展ぶりは見違えるほどです。東京資本の巨大スーパーなどが立ち並んで、ゼロから街ができてしまいました」との指摘もあります。(68) 要するに発展といっても、県外とくに東京からの大手資本が新駅周辺をおさえ、観光客が落とした金を吸い上げてしまったのであり、新駅は土地の繁栄にはかならずしもつながってはいないのです。

そして「東海道新幹線を例にとっても、東京、名古屋、京都、大阪といった大都市駅を除く中間駅の地方都市が、軒並に地盤沈下している」と語る川村晃生の論考には書かれています。

長野県では、長野市と松本市の商品販売額を見ると、長野新幹線が停車する長野市では5年間で約400億円減少してしまったのに対し、新幹線が通らない松本市では143億円増えたという。恐らくこれは、長野市の市民が新幹線を利用して東京などの大都市に出易くなり、そちらで買い物をしてしまうからであろう。つまりストロー現象が起こっているのである。

そしてこうしたことが、日本の地方都市の随所で起きている。列島改造の仕掛人田中角栄氏のお膝元である新潟県長岡市でさえ、駅前はシャッター商店街と化し、上越新幹線の開通によって市は活性化するどころか衰退しているのである。……戦後の高速化を振り返れば、**高速輸送機関の発達は地方を衰退させるという原則を導き出した方が正しいように思われる**(69)……。

〔強調山本〕

専門地域調査士・櫛引素夫の書『新幹線は地域をどう変えるのか』には次の指摘もあります。

新幹線駅が中心市街地に位置する都市も、楽観はしていられません。……長野や金沢、富山は、まちの消費の中心が新幹線駅にシフトしています。そして、駅一帯には、域外の企業が多数、進出しており、消費で落ちたお金が、域外に流出する可能性も高くなります。

昔、新幹線が開通すると都市間競争が強まり、敗れた都市からは優位の都市へ消費が流出する、と指摘された時期がありました。いわゆる「ストロー現象」です。……しかし、上記のような状況をみると「21世紀のストロー現象は、駅ビルや駅ナカ経由で起きている」可能性がある、と考えています(70)。

東北新幹線でも、実際には駅中《えきなか》の売店だけが賑わい、地元の商店街には、開通によってかえって寂れたところさえ少なくないようです。東北新幹線などのJR東日本の路線について「駅構内で商業開発が進むと、それによって駅周辺部の商店街が影響を受ける。かつては、駅に降りた人たちは駅前の商店街に立ち寄って買い物をしていた。また、駅前の飲食店で食事をとった。それがすべて駅構内に吸い上げられたのである。これにより壊滅的なダメージを受けた駅前商店街も多い」という指摘もあります。[71] JRは大資本であり、その気になって豊富な商品を置いた大きな売店やモダーンでメニューも豊富なレストランを駅中に作れば、旧来の駅前商店街の零細な店舗や食堂はとても太刀打ちできません。JRの駅中ビジネスは端的に民業圧迫なのです。

それだけではありません。先の櫛引の書には、北陸新幹線開通時に「独り勝ち」といわれた金沢について書かれています。

〔北陸新幹線〕開業直後から報じられたのは、例えば、市民の台所の役割を果してきた近江町市場の異変でした。観光客が「地元の素顔」を見ようと押し寄せた結果、地元客の足が遠のき、観光客の買い物対象となる商品を扱っていない店、例えば青果店には、店じまいするところが出てきた、といいます。……生活空間をかき乱され、また、さまざまなコストが上昇したことの弊害は、地元紙が報じ、地元紙系のシンクタンクが実施した県民アンケートでも明らかにされました。オーバーツーリズム（観光公害）が発生した格好です。[72]

この櫛引の書は2020年出版ですが、コロナを未経験の状態で書かれたものです。そしてこの櫛引の書の金沢についての指摘の後に、新幹線開通後の金沢にコロナがもたらしたものについての序章で見た『毎日新聞』記者のレポート（「記者の目」20年7月9日）がつながります。観光客の殺到は、観光公害に加えて、コロナの早期伝播をもたらしたのです。

櫛引のこの書にはまた、新幹線が開通した自治体では、新幹線駅招致までの段階では軒並みに「新幹線○○課」のような組織を作っていたのに、開通後はそれらの組織がほとんどなくなっている事実を指摘しています。自治体では新幹線駅招致が自己目的化され、駅ができさえすればそれだけでおのずと地域が活性化し潤うというような幻想に支配されていたようです。

そしておなじことがリニア中央新幹線でも再現されようとしています。

2001年に、リニアの実験線がある山梨県の当時の知事・天野建は語っています。

山梨県の未来像を県民の皆さんが考えるとき、必ずその中心にあるのはリニア中央エクスプレスでしょう。

時速5百キロ、東京・大阪間をわずか1時間で結びます。完成すれば東京、大阪、名古屋の日本の三大都市は一体化し、巨大で効率的なひと続きのメガロポリスが誕生するでしょう。途中にある山梨県もこのメガロポリスの一翼を形成し、これまでにない新たな展開を始めることになります。

山梨と東京、大阪、名古屋の大都市圏との文化、経済など、さまざまな交流が今よりもっと盛んになります。……リニア中央エクスプレスの開通は山梨を変え、日本を変えるものになる

でしょう。山梨県人の夢にとどまらず、日本人全体の夢といっていいものです。(73)

リニアの通過とメガロポリスに対する手放しの礼賛と、疑問や躊躇いを感じさせない期待です。そしてそれは多くの自治体が共有し政治家たちが公言してきた期待であり、展望なのです。

しかし現実はどうでしょうか。在来の新幹線の場合、以上に見たように、途中の停車駅のある地方都市にとってメリットは予期に反して少なく、デメリットさえあったようですが、リニアの場合では、その点はより一層顕著であるだろうと指摘されています。

リニアは、もともとは東京－大阪間を途中唯一名古屋に停まることを除いてノンストップで計画されたものです。のちにJR東海は自治体の要望を受け容れて各県一か所の途中停車駅を認めたものの、停車は1時間1本に限られ、しかも途中停車駅は無人で、切符売り場も待合室もないというものです。そもそもリニアモーターカーは超高速ゆえ急カーブは苦手で、かつ最短経路に近づけるため、できるかぎり直線的な線路を採り、そのため駅は概して県内でアクセスの不便な位置にあります。そんなわけで途中停車駅が県の発展に資することはほとんど望めません。

上岡の書には「〔リニア新幹線において〕中間駅の位置づけはきわめて低く、列車ダイヤの制約にもなるため実質的には邪魔者扱いである」、「〈中央新幹線小委員会〉の試算資料によっても、〔リニアによる〕経済効果は東京圏・名古屋圏・大阪圏が中心であり、途中県に帰属する便益は必ずしも大きくない」とあり、橋山の書にも、リニアは「時間距離、走行距離の短縮を最優先し、沿線利用者の利便性や沿線地域社会に対する振興策をほとんど考慮しない大都市間超高速鉄道である」、「新幹線や在来ＪＲ線とは違って、沿線住民や沿線地域に対する経済社会的効果がほとんど望めない点でも航空機に類似している」とあります。(74) 新幹線の停車駅ができさえすればそれだけで地域経済が活性化するというようなことは、これまでの新幹線でも実際には望み難かったのですが、リニア中央新幹線の場合、輪をかけて難しいと考えなければならないのです。

そしてそのような認識は、すでに自治体の間でもかなり行き渡っているのではないかと思われます。２０２１年1月の新聞には「リニア中間駅　三重県、亀山誘致表明」とありますが、本文には「県などでつくる〈建設促進三重県期成同盟会〉が20年7月から駅候補地を募ったが、同市以外に応募がなかった」と書かれています（『毎日』21年1月5日）。

他方で、交通網が発達すれば疫病があっという間に広がること、そういう風な国の構造がコロナのような疫病にきわめて脆弱であることを、この間私たちは学んだのです。最近、日本政府は「新しい日常」などと言いだしています。7月9日の『東京新聞』には「政府は8日、……〈経済財政運営と改革の基本方針（骨太の方針）〉の原案をまとめた。……新型コロナで人口が密集する大都市のリスクが表面化したことを受け、従来の生活に戻すよりも、〈新しい日常〉に向けた施策を重視する狙いがある」とあります。とするならば、「６０００万人首都圏」構想など、真っ先に見直しの対象でなければならないでしょう。

それにしても、現在の人口1億3000万弱が、21世紀中期には1億を切るほどに減少すると も予想されています。その人口の半分以上をその「巨大首都圏」に集中させてできる日本がどれほど歪《いびつ》な社会であるのか、考えなかったのでしょうか。

コラム4　観光公害と奈良の鹿

大分前の新聞で、京都における観光公害の記事に、嵐山の観光名所、竹林の小径に外国からの観光客がひしめいている写真が出ていました。こうなると風情も情緒もあったものではありません。たとえば西芳寺（苔寺）のような京都市郊外の寺院は、閑散としてこその風情であり、静寂のなかにこその情緒があるのであって、人々がにぎやかに列をなしていては、その魅力は激減でしょう。拝観料が増えることは確かですが、庭園の植生も痛むだろうし、それがお寺にとって本当によいことなのでしょうか。

ところで東京メトロ丸ノ内線・霞ヶ関駅のホームに、何年も前から京都とならぶ観光県・奈良そして忍者の里・伊賀を擁する三重のリニア新幹線誘致広告が出ています。新幹線経路から外れているその2県が観光ブームから取り残されているという思いがあるのでしょうか。

実際には、新幹線の駅がなくとも外国からの観光客が大勢訪れている土地はいくつもあります。数年前、北海道の増毛《ましけ》に行ったときに、中国からの観光客が多いのに驚きました。JR北海道が廃線を考えていると伝えられている留萌《るもい》線の終点という、率直に言って不便なところですが、そこがかつて高倉健の映画のロケに使われたというだけの理由で、中国の人たちが押しかけていたのです。正直、驚きました。富士山5合目の登山口も、アクセスという点では決して便利なところではありませんが、ここにも外国人観光客が大勢訪れています。観光客をひきつける条件は、その土地固有のなにかであり、交通の便の良さだけではないのです。

その点で、以前に私は、京都と奈良を訪れた西欧の知人から感心し感激したのは京都ではなく奈良だと聞いたことがあります。つまり京都も奈良もともにビルが建ちならび舗装道路に車が走っている近代都市であって、市内や郊外に古い寺院が点在するところもかわりはなく、その程度のことであればアジアの都市には珍しくはない、しかし奈良には、その近代的な市内で人とならんで数多くの鹿が散策している、それには驚き感心したというわけです。

実際、鹿は野生生物であり、野生生物は本能的に臆病で人前に出てこないのが普通です。北極圏のトナカイは別にして、鹿を家畜にした例を聞きません。その野生生物が近代都市の内部で人を恐れもせずに白昼のどかに草を食み歩んでいるのは、たしかに言われてみれば驚くべきことです。

私のように関西に生まれ育った人間は、大抵は小中学校の遠足で一度は奈良に行ったことがあり、そのため奈良市内に鹿がいることをあたり前のように思っていて、外国人から指摘されてはじめて、そのことが驚くべきことだと気付くようなところがあります。

春日大社の使いという伝説は別にしても、平城京以来千年を大きく超える年月をかけて、人と鹿が共存する特異な空間が形成されたのです。こうして天然記念物としての「奈良の鹿」が誕生しました。その事実はたしかに他のなにものにも代えがたい観光資源と言えるでしょう。しかしそれはきわめてデリケートなバランスのうえに存在しているのであり、観光公害と言われるまでの多くの観光客が殺到したとき、そのバランスが崩れる可能性は決して小さくはありません。そして、そのデリケートなバランスは、ひとたび崩れればもはや回復は叶わないでしょう。

その意味では、奈良がこれまで新幹線経路から外れていて、観光ブームに一歩とり残されていたことがじつは幸運であったのかもしれません。現実には奈良はJR京都駅から近鉄線に乗り換えればすぐに行けるので、アクセスの問題にかんして京都とそれほど差があるとは思えませんが、いささかなりとも差があったために、かろうじて観光公害を免れてきたのかもしれません。

外国からの観光客をたんに外国から持ち込んだお金を観光地で使ってくれる人たちというように見て、もっぱらその数の増加のみを求めるような行き方が、観光地の将来的発展にとっても、あるいは今後も起こりうるパンデミックにとっても決してよいことではないことを、私たちは知りました。大切なことは、土地と人と社会を知ってもらうことでしょう。その意味においては、カジノなどは、外国人観光客を呼び込むもっとも貧しいやり方でしょう。観光地にとってもっとも重要なことは、アクセスの良さではなく、そこでしか見ることのできない、そこでしか経験することのできないその地域の自然や文化そして景観の独自性なのです。それゆえその独自性を守り育て洗練することこそが、重要なのです。

何がなんでもリニア中央新幹線を招致して人を呼び込み地域を活性化させたいという発想は、前にも語ったように、見直すべき時期が来ているのです。

第三章　リニアをめぐるいくつかの問題

三・一　環境破壊そして残土の問題

はじめに触れたように、今回ＪＲ東海が建設を計画している、南アルプスの深部を貫き山梨・静岡・長野の３県にまたがる全長25㎞の南アルプストンネル（図４）については、県民の生活と農業と産業にとって不可欠な大井川の水流にどのように影響を与えるのか納得のゆく説明が与えられていないとして、静岡県の川勝平太知事が工事着工を拒否しています。知事の第一の任務が県民の生活と県の産業を護ることであるとするならば、まして良質の水を大量に要する茶の栽培が静岡の主要産業のひとつであることを鑑みるならば、それは当然の態度でしょう。

全線の９割近くがトンネルであり、そのための工事が地下水系に重大な影響を与えるということは、まず確かでしょう。しかし、南アルプスの深部（もっとも深いところでは地表から１４００ｍ

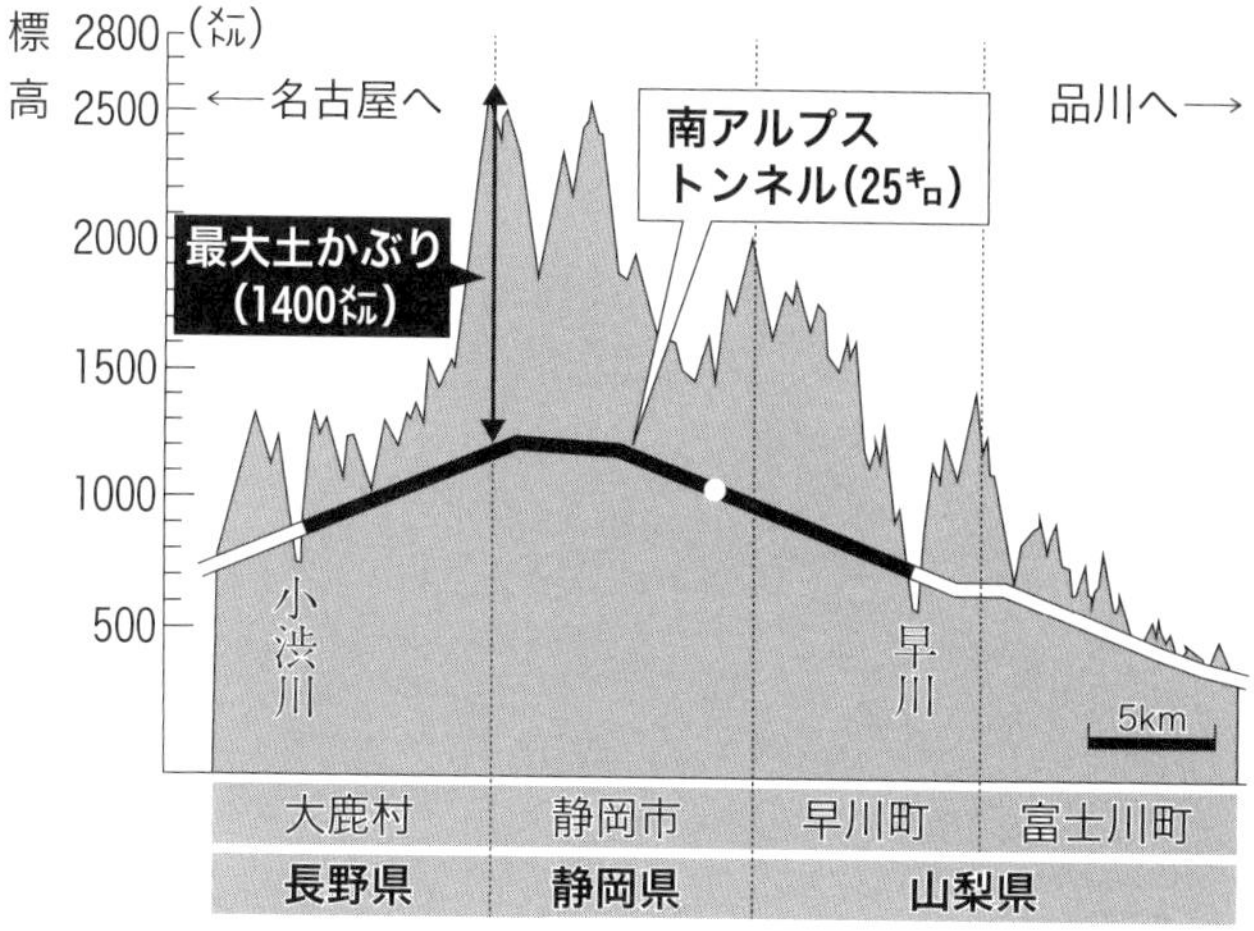

図4　リニア中央新幹線 建設予定の南アルプストンネル断面図. 白丸は二軒小屋脱出口予定地.（『毎日新聞』2015年12月19日掲載の図をもとに作図）

下(75)にトンネルを掘ると大井川にどのような影響が出るのかは、本当のところ誰にもわかりません。深度地下の水脈についてはまったくわかっていないのであり、ＪＲ東海にしても国交省にしても、いくらアセスメントをしてもどうなるかはわからないというのが本音でしょう。

２０１０年に国の交通政策審議会に設置された中央新幹線小委員会ではその年10月の審議会で出された地下水への影響を問う委員からの質問に対して、国交省の技術開発室長は「水については今のアセスでは百％予想できない、（影響が）生じてしまった場合には補償基準に基づいて補償させていただく」と答えたと伝えられます(76)。

そして２０１３年のＪＲ東海によるアセ

スメントでは、工事完了後も大井川の流量が「(無策なら)毎秒2トン減る」とあります。これは『世界』2020年12月号の樫田秀樹の論文「「オール静岡」が問うリニア建設」からですが、そこには「これは、生活用水や農工業用水を大井川に頼る中下流の8市2町(島田市、焼津市、掛川市、藤枝市、袋井市、御前崎市、菊川市、牧之原市、吉田町、川根本町)の62万人分の水利権量に匹敵する膨大な量だ。大井川は上流から下流までに32ものダム・堰堤が稼働し、その水は発電、生活用水、農工業用水に利用され、前記8市2町では、水道用水に加え、水田や茶畑など1万2000ヘクタールの農業用水、製鉄・自動車・化学産業などの工業用水、2018年末時点では999本の井戸から農業やウナギ養殖、家庭や工場への水が供給されている」(77)とあります。大井川の水量減少は、静岡県民の生活と産業にきわめて広範な影響を及ぼす重大で死活的な問題なのです。

1990年に建設のはじまった山梨実験線(全長42・8km)のもっと小規模なトンネル工事でも、沢や井戸の涸れが生じています。樫田の書によると、1994年には大月市朝日小沢地区の簡易水道の水源が涸れ、そして川村晃生のレポートには「リニア実験線建設現場において、2009年9月には笛吹市御坂町で、2011年12月には上野原市秋山で、トンネル工事によると思われる水源の涸渇という事件が起きており、リニアの工事が現実問題として自然環境に重大な影響を発生せしめた」とあります。(78)

大井川の水源をめぐる問題は、それと同時に自然環境保護の問題でもあります。ところがこの点で、かつて東海道新幹線の建設に携わった角本良平は、1995年の書で、第二東海道新幹線（リニア）についてエネルギー（電力）問題にも環境問題にも触れていません。しかし橋山の書に「高度成長期半ばまでは経済と技術の2次連立方程式を解けば日本経済も国民生活も向上したが、環境破壊が許されない今日は、環境を含めた3次連立方程式を解かなければプロジェクトの成功が保証されない」とあるように、環境問題は現在では経済問題と同等かそれ以上に重視されなければならない要件なのです。[79]

自然環境の破壊において、結果が出たときには元に戻すのはきわめて困難で、回復には長期の年月を要するというのは、高度成長の過程で日本が多くの犠牲をはらって学んできた事実です。金で補償できる問題ではないのです。にもかかわらず結果がどうなるかわからないのにトンネルを掘るというのは、ロシアンルーレットのようなもので、決して受け入れられないという静岡県の知事の態度は当然でしょう。

そもそも南アルプスは国立公園としてその自然と景観は厳密に保全されなければならないエリアであり、そこに20数kmにもわたるトンネルを掘ること自体が、途方もない自然破壊であるとともに、法的にも許されないはずなのです。そしてまた南アルプスは北アルプスと異なり山が深く植生の豊かな山岳ですが、トンネル掘削による地下水流の変化は、2014年に国連教育科学文化機構（ユネスコ）によってエコパーク（生物圏保存地域）に登録されたこの地域一帯の貴重な自然環境、とくに豊かな植生に対して影響を与える恐れも大きいと考えられます。さらに南アルプスの中央構造線エリアは「地球活動の遺産を主な所見とする自然の中の公園」として国内初のジオパーク（地質遺産）に指定されています。[80] 学術的にも貴重で保全されるべきなのです。

先ほどから何回か言及した橋山の書には書かれています。

山梨実験線や南アルプス直下の20km長大トンネルの東西両開口現場（山梨県早川町と長野県大鹿村）を訪ねた時に受けた筆者の衝撃は、表現できないほど大きいものであった。国立公園内のこの美しい大自然の山岳直下に時速500kmの超高速鉄道を通すことが、技術的にも、経済的にも、また環境的にも果たして可能だろうかという驚き・不安と同時に、物言わぬ大自然に対する人間のこれほど強烈な暴挙が、そもそも許されるだろうか、という疑問であった。

世界第一級のわが国土木業界の技術力とここまで来た技術開発の成果を以てすれば、物理的に貫通させることは99%可能であろうが、その技術を経済性と両立させることができるか、環境保全と両立させることができるか、またその完成によってどれだけ多くの国民が利益を享受できるかが、今まさに問われていると言っても過言ではない。そこに夢があるのか、それとも取り返しがつかない壮大な失敗が待っているのか。その結果は、この20年以内に明らかになろう。[81]

長距離のトンネル工事で発生する膨大な残土もきわめて大きな問題です。

笛吹市では160万トンの残土で谷が埋め立てられたとあります。また一部は大井川上流の沢の広い川原に高さ70m、幅300m、長さ500mに盛り土される案が出されていますが、巨大高層ビルのごとき盛り土はそれ自体が甚大な自然破壊であり、しかも大雨のときには崩壊し土石流の原因となる危険性があります。[82] 仮想の話ではありません。『毎日新聞』（20年10月15日）には、2017年の台風21号で造成地の盛り土が崩落し川を堰き止め住宅や工場に浸水被害が出たことで住民らが造成地の所有者を訴えたとあり、さらに「災害対策が不十分な造成地で、盛り土などが崩れる被害は全国で後を絶たない」と書かれています。何年か先、何十年か先にリニア工事の残土でそのような事態になったときに、一体どこが責任をとるのでしょうか。

もちろんこの膨大な量の残土を運び出すため、さらには建設資材・機材や人員を運ぶため、驚くべき数のダンプカーやトラックがそれまでは静かであった山村地帯や農村地帯あるいは市街地を行き来することになります。そのことだけでも排気ガスで大気を汚染し、騒音とともに地域の景観を破壊し動物の生態系に影響を及ぼすでしょう。交通事故の心配もあります。そしてまた、その長大なトンネルの建設には膨大な量のセメントが必要とされますが、セメント（ポルトランド・セメント）は石灰石を粉砕し、焼いて炭酸ガスを放出させ、酸化カルシウムとしたもので、[83]

それを生産するためにも、原料の石灰岩を求めて国内のいくつもの山が切り崩されてゆくことになります。こうしてトンネルが掘削される現場や残土の捨てられる先だけではなく、石灰岩が採取されるところでも自然破壊は進行し、セメント生産の過程では炭酸ガスが発生します。

1989年に『土木学会誌』はリニア特集号を発行し、いくつもの論考を掲載しました。技術系の雑誌であり、内容はどれも似たり寄ったりのリニア推進の仕組みの解説にあてられているのですが、驚くべきことに、環境問題にはほとんど触れていません。『土木学会誌』では環境問題は避けられないと思われるのに、収録されている7編の論考においてトンネル建設にともなう環境破壊についての記述は皆無です。環境問題という場合に、問題は線路完成後のリニアの営業運転にともなう問題と、完成以前のトンネル掘削を含む建設過程での問題との2通りがあります。若干名の論者は、線路完成後のリニアの定常運転での環境問題をリニアの優越点として語っていますが、建設過程の諸問題、とりわけトンネル建設にともなう問題にはまったく触れていません。

たとえば以前に少し触れた神谷拓雄の論考には「ジェット機には騒音、事故が付き纏い、新幹線や高速道路は、振動が激しいとか、排気ガスを撒き散らすといった負の要素が付き物である。この点、リニアは交通機関に考えられる負の要素をほぼ全面的にクリアしている。リニアは、恐らく人類がその生存環境と調和した形で手に入れる最初の交通手段としての栄誉を勝ち取り得るものであろう」とあります。このあまりにも能天気な議論、あるいはリニアが「低公害」だとか

「環境保全の決め手」というような、以前に見たＪＲの技術者や経営陣の主張などに対しては、リニアの運転により発生するきわめて強力な磁場と電磁波の危険性を指摘しておくだけで十分でしょう。ここでとくに言いたいのは、このようにリニアが環境に調和していると主張しているにもかかわらず、この人たちはトンネル掘削を含むその線路建設過程でのおびただしい環境破壊にはまったく関心を持っていない、あるいは目を向けようとはしていないことです。

リニア自身の環境問題にかんして、次のような議論があります。２０００年にも『日経サイエンス』がリニアの特集をしていますが、その編集部による記事のなかに、リニアの意義として、これまで語られてきた三大都市圏の結合、新幹線のバイパスに続いて、「第三の意義は地球温暖化問題への対応だ。……リニアが時速約５００㎞で東京・大阪間を１人運ぶ際に排出するCO_2〔炭酸ガス〕の量は航空機と比べて約３割、乗用車より５割以上少ないと試算され、かなり有利だ」と語られています。[84] ここで比較の対象として炭酸ガス排出量の多い航空機や自動車だけを挙げて、従来の新幹線にくらべれば以前に見たようにリニアの炭酸ガス排出量が約４倍であることに触れていないのは、フェアでない気がしますが、それだけではなく、問題は、この議論も建設工事過程がまったく考慮されていないことです。

この手のまやかしはよく見かけられます。たとえば原子力発電は通常の火力発電と異なり炭酸ガスを出さないから「クリーン」だというような議論です。実際にはウラン鉱山でウラン鉱石を採掘する過程、それを運搬する過程、原子力発電所を建設する過程で相当量の炭酸ガスが排出されているのです。そしてまた原子炉からは電荷をもたず透過性のきわめて高い中性子が放出され、それを防ぐため原子炉の全体は「二次格納施設として約1〜2mの厚いコンクリートで造られた原子炉建屋[85]」に格納されているのです。つまり通常の建造物にくらべて桁外れの量のコンクリートが使われているのであり、そのために必要な大量のセメントを造る際に生まれる炭酸ガスはかなりの量になります。「原発クリーン」説はこういったことすべてを無視して語られているのです。

リニアの炭酸ガス発生量について上岡の書には「かりに東京〜大阪間の航空機の利用者がすべてリニアに移行したとすると、年間25万トンの炭酸ガス排出が節減されることになる」とあり、その点での航空機に対するリニアの優位性を認めていますが、その後に「しかしここで東京〜大阪間で建設費9兆円と見込まれる膨大な建設工事にともなって発生する炭酸ガスを考慮すると評価は一変する」と続けています。上岡の試算では、この工事の過程で発生する炭酸ガスをリニアの運転による節約で埋め合わせるには140年以上かかるとあります[86]。リニア新幹線の工事、とりわけトンネル工事は、それほどの環境破壊をともなっているのです。

コラム5　残土の量について

東京－名古屋間のうち約247kmがトンネルで、そのトンネルの断面積はこれまでの新幹線のものより大きくとられています。ある書には「トンネルを走行する際には、明かり区間よりも抵抗が大きくなるというデータが得られている。そのため、超伝導リニアでは車両を小型化する一方でトンネルの断面を拡大しており、トンネル断面積に対する車体断面積の比率を、現行の新幹線よりも低くしている」とあります(87)。先に触れた交通新聞社の小冊子では、リニアモーターカーは速度が大きくてトンネル内、とくに出入口での風圧の変化がきわめて大きくなるため、やはりトンネルの断面積を大きくするとあり、トンネルの断面積が12m×8.3m≒100m²と与えられています。トンネルの断面積のこの値は樫田の書にも書かれています。上岡の書にあるように「リニア新幹線では過度な高速性を求めた結果、現東海道新幹線と比べて車体が小さいにもかかわらず大きなトンネルを必要とする無駄の多いシステム」なのです(88)。

そのためそれだけの長さのトンネルを掘れば、途中にほぼ5kmごとに約60か所ある非常口（地上までの直径30mの竪穴）やその他、途中の駅や変電施設の分も含めると、膨大な量の土砂を取り出さなければなりません。その残土の総量は、トンネルの断面積100m^2、全長247kmに脱出口や変電所の分を加えて300kmで計算して約3000万m^3。実際には、トンネルの断面以上を掘ってコンクリートで固めるわけですから、縦横各1・3倍掘るとすれば、約5000万m^3になります。とり出される残土は、新聞では沿線7都県で計約5680万m^3、神奈川県内では約1140万m^3（『東京』16年5月17日）、南アルプストンネルの部分だけでも約300万m^3（『毎日』15年12月18日、18年3月6日）、そして樫田の書によると長野県で974万m^3、山梨県で676万m^3、いずれにしても膨大な量です。同書には、残土は法律上は廃棄物ではなく資源で、活用されなければならないのだが、その活用先が確定しているのは2割、ともあります(89)。

これだけの土砂を運びだすためには、ダンプカーの搭載量を6m^3と見積もれば約千万台、「リニア新幹線を考える東京・神奈川連絡会」の試算では川崎市内の分について延べ320万台（『東京』16年5月17日）、この土砂の搬出に10年かかるとして、1年の稼働日を330日として単純計算で1日約3000台のダンプカーが必要です。もちろん、この他にほぼ同量のセメントを含む建設用の資材・機材や人員の運搬があり、上岡の書には「たとえば工事6年目において、機材・資材・残土運搬の車両が年間289万台走行すると想定されている」とあります(90)。それは1年を最大の365日としても1日平均約8000台になります。

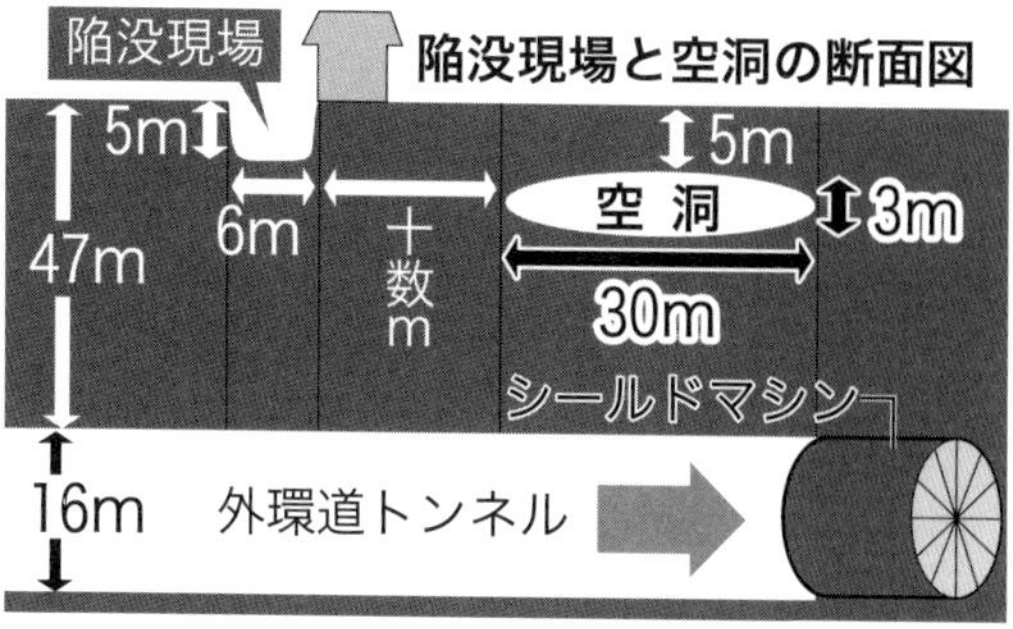

図５　大深度法にもとづくトンネル工事がもたらしたと考えられる事故の概略.（『東京新聞』2020年11月5日掲載の図をもとに作図）

三・二　大深度地下にまつわる問題

２０２０年10月18日、東京都調布市の住宅街で道路が陥没し市道に幅５ｍ、長さ３ｍ、深さ５ｍほどの穴が開く事故がありました。各新聞が伝えています。その真下の地下約40ｍの深さで東日本高速道路（ＮＥＸＣＯ東日本）が東京外郭環状道路（外環道）のトンネル工事をやっていて、９月に直径16ｍのシールドマシン（掘削機）が通過したところです。そして11月４日、やはりこの外環道トンネル工事のルート上で先の陥没事故のあった地点の近くの地中に長さ約30ｍ、幅約４ｍ、高さ約３ｍの空洞が見出されています（図５）。さらに11月21日には、シールドマシンのルート上のその近くの地点に第二の大きな空洞が見つかりました。新聞には「もうここには住めない」との住民の談話が載せられています（『東京』2020年11月23日）。ＮＥＸＣＯ東日本は12月18日になって因果関係を認めました。住民でつくる「外環被害住民連絡会・調布」のその後の調査では、家屋などの物的被害の訴えが58軒、騒音や振動等の体に感じる被害が102軒に上ったとあります。すでに9月段階から、振動でブロック塀に亀裂やひびができたり、騒音が生じていたことが伝えられています。

重要で見過ごしえない問題は、この工事がその地下をトンネルが通過する予定地の住民の同意を得ることなく進められていることです。そのような理不尽なことを可能にしたのが、2000年に議員立法で成立し、翌年に施行された「大深度地下の公共的使用に関する特別措置法」、通称「大深度法」なのです。それは首都圏と中部圏・関西圏の多くの区域では「公共の利益となる事業」であれば、①40m以深の地下、②基準杭の支持地盤上面から10m以深の地下、を地上の地権者の許可なく利用できるというものです。その法案成立に中心になって動いたのは国会議員・野沢太三で、彼の2010年の書『新幹線の軌跡と展望　国会で活路を拓く』には「東京、名古屋、大阪いずれも大都会であり、私が提案した〔法律では〕大深度地下、地下40m以上〔以深〕のところを通ることができれば、**補償をせず用地代を払わずに**通過することができる」〔強調山本〕とあります。[91]

野沢太三は旧国鉄で本社施設局長の職にあり、その後、国会議員となり自民党の「中央リニアエクスプレス建設議員連盟」の事務局長を務めた人物でした。ということは、この法律の眼目がリニアにあったことはおのずと明らかです。野沢のこの書には、大深度法の適用対象として、神戸市の幹線水道、東京の外環道の工事とならんで、リニアが挙げられています。今回陥没事故を起こした東京外環道工事は、もともとは騒音と大気汚染を危惧する地域住民の反対運動によって１９７０年に凍結され、その後必要性も薄れ放棄されていた高架による計画を、大深度法ができたことで、かつての石原慎太郎都知事と扇千景国交相が地下道として復活させたものです。

しかし大深度法の中心目的はあくまでもリニア建設にあります。新たな鉄道の建設にあたって最大の困難は、とくに都市部では、地主との交渉であり用地の買収にあります。その困難を一挙に解決する、というか一挙に無化する「魔法の杖」がこの大深度法だったのです。野沢の書には「大深度の地下が利用できれば、簡単に所要の空間が確保できるため、こうした発想で大深度地下利用の提案をした」と正直に書かれています。

そして今回の調布の事故です。陥没がたまたま道路上でしたが、東京外環道工事は練馬から杉並・三鷹・調布・狛江・世田谷まで16・２kmにもおよび、同様の事故は民家の下でも起こりえます。道路でも夜ならば人身事故や車の事故も考えられます。野沢は自著で、法案提出にあたって「大深度地下利用の調査会」を組織し地下何ｍぐらいであれば安全かといった安全性等を調べたと語っていますが、驚いたことにその安全性とはもっぱら地下空間の安全性であって、その上にある地上の建造物等についてはなにも考慮していません。もちろん建設過程の問題は、ここでも完全に視野の外にあります。

しかし40m以深なら、あるいは基準杭の支持地盤上面から10m以深なら、地下を掘ってもその上にある地上の建造物は安全であると言えるのでしょうか。『日経ビジネス』（18年8月20日）の記事には、次のような驚くべき事例が書かれています。相模原市の5階建のビル――業者から200年もつと言われたビル――のオーナーに市のリニア事業対策課の職員が突如訪ねてきて、ビルの下にリニアが通過することを告げ、ビルにどれだけ杭を打ったかを訊ねた後、こう語ったとあります。「詳しく調査させていただきたいのですが、恐らくリニアにぶつかります。取り壊していただくことになるので、立ち退きか、低層への建て替えをお願いします」。まったく一方的な宣告で、しかもJR東海はそれを自分たちでやらずに市の職員にやらせています。このとおりなら、いくらなんでもそれはないだろうというような滅茶苦茶なことがすでに行われていることになり、『日経ビジネス』のこの記事に「現代の成田闘争へ」との見出しがつけられているのは決して過大ではありません。

そもそも大深度法は、財産権を保障している憲法、すなわち第29条・第1項「財産権は、これを侵してはならない」、第3項「私有財産は、正当な補償の下に、これを公共のために用ひることができる」だけではなく、土地所有に関する民法の規定にも反しています。そしてまた騒音や振動は憲法で認められている平穏な生活の権利を侵害しています。外環道についてはすでに

２０１７年に地元住民が大深度地下使用認可の無効確認を求める訴えを東京地裁に起しています。(92)

リニア工事の場合、東京の品川区から大田区・世田谷区・川崎市を経て町田市にいたる全長約37㎞の第一首都圏トンネルが実は東京－名古屋間の最長トンネルなのですが、このトンネルへの大深度法の適用をＪＲ東海が申請して２０１８年に国交省が認めたのであり、それにたいしては、大田区や世田谷区の住民が大深度地下の使用許可の取り消しを求め、行政不服審査法にもとづき国交省に審査を請求しています。「リニアから住環境を守る田園調布住民の会」の代表は「住宅街の真下をリニアが通ることによる振動、騒音、地盤沈下、陥没、強力な電磁波などの危惧がある。単なる抽象的な不安ではない」と話しています（『東京』20年9月9日）。これらの訴えで可能性として指摘されていた危険性を、調布の事故が現実のものとして示したのです。

そしてもちろん大深度のトンネルそのものについては、その問題をはなれてリニア運転中の事故と事故対応の問題、つまり安全性の問題が考えられます。

日本のトンネル技術は優秀だそうですが、しかしそれでも山岳地帯で地下１０００ｍを超えるような深いそしてきわめて長いトンネルは、ほとんど未経験の分野でしょう。とくに南アルプスは造山活動の激しい山岳で、直下には中央構造線と糸魚川－静岡構造線という2つの大きな活断層帯が走っています。リニア・市民ネット編著『危ないリニア新幹線』に収録されている松島論文には「中央構造線は活発な活断層である」とあり、さらに「トンネルは地震のゆれに強いが、活断層が切った場合には瞬時にして壊れる」とあります。(93) そこまではならなくとも、地震で全線ストップしたときどうなるのか、陥没や異常出水の危険はないのか、あるいはトンネル内で火災が発生したときどうなるのか、停電の危険はないのか。地震や火災のさいに脱出用のエレベータ―は正常に動くのか、それも高齢者や幼児も含めて数百から千人近い乗客の避難が対象です。事故のさいに人々が脱出口やエレベーターに殺到したとき、たった2人くらいの乗務員でコントロールできるのか。これらの事柄に対してJR東海からはかならずしも多くの人が納得できるような説明はありません（図6）。

南アルプストンネル唯一の脱出口は「二軒小屋」地区にありますが、先に見た宗像のルポには「二軒小屋の周辺は標高1390m、地下7～800mほどをリニアが通るとしても、直径30mの竪坑の長さは500m以上で、これが緊急時には避難路となる」とあります。無事に地上に出られたとしても、冬場なら雪と氷に覆われたアルプス山中です。上岡の書にはリアルに書かれています。

外部へ脱出するまでの困難さが現行新幹線とは大きく異なる。この地区は「二軒小屋」地区と呼ばれ工事用の坑道の掘削が予定されているが、開通後には脱出径路として利用される予定である。しかし脱出口に到達しても、水平距離約2km・高低差約300mの坑道を人力で登攀することになる。さらにトンネル外に脱出できても無人の山中であり、冬期であれば経験も装備もない一般利用者がそこに留まるだけで生命の危険が生じる。救援のバスや緊急自動車も容易にアクセスできないから、むしろ航空機が山中に墜落したような状況が発生する。(94)

竪坑を500m上がって脱出口に到達し、そこからさらにほぼ水平に2kmを歩いて200m登るということなのでしょうか。公共の乗り物とはとても思えません。実際には脱出坑についてはよくわからないのですが、それはJR東海が必要な情報を明らかにしていないからなのです。

以上にあげたのはリニアに関連するいくつもある問題の一端にすぎません。その外に、強い電磁場の人体

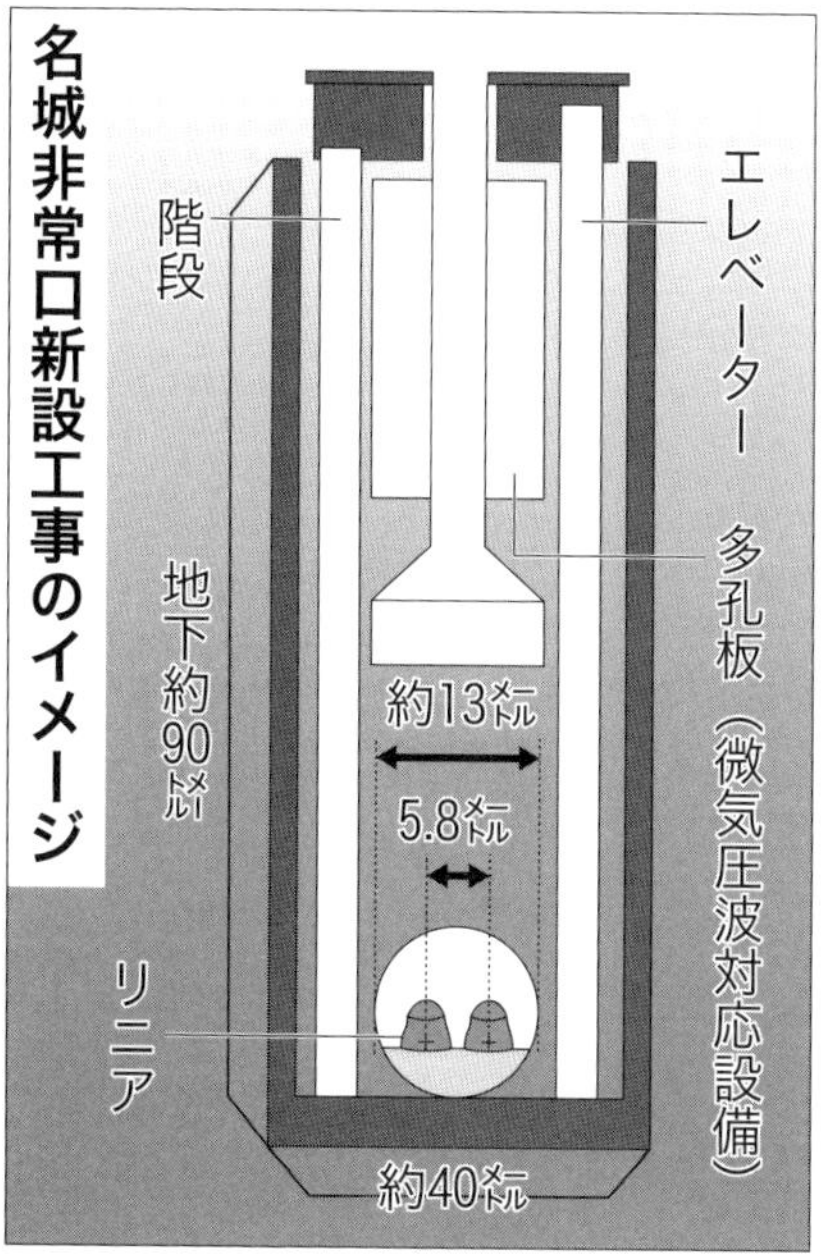

図6　名古屋市内の地下約90mのトンネルと地上をつなぐ非常口.（『毎日新聞』2017年12月13日掲載の図をもとに作図）

への影響や、2030年から2060年のあいだに予想される南海トラフ巨大地震という問題もあります。この2点については、リニア・市民ネット編著『危ないリニア新幹線』所収の荻野晃也論文「リニア中央新幹線の電磁波問題」および松島信幸論文「南海トラフ巨大地震とリニア中央新幹線」を見ていただければ幸いです。

三・三　リニア中央新幹線計画の闇

前に述べたように、リニア中央新幹線計画は、もともとは総事業費を全額自己負担とするJR東海の計画として始まったのですが、2016年に当時の安倍首相が総額9兆円の総工費のうち3兆円を国からの財政投融資で賄うことを表明し、このことでJR東海の計画が、公の議論がほとんどないままに「もはや国家事業」(『東京』17年12月19日)、「国家的なビッグプロジェクト」(『毎日』18年3月3日)と言われるものに変質しました。

本来なら財政投融資が使えないJR東海に対して、法改正をしてまでの強引な3兆円という巨額の融資を決定したことについて、橋山は「リニア計画を引っ張ってきたJR東海の葛西敬之名誉会長は、安倍晋三首相と非常に距離が近い人物だ。2人の関係があったので優遇されたと見られても仕方がない」と指摘しています(『東京』17年12月14日)。ここでも安倍前首相にまつわる一連の疑惑に見られるネポティズム（お友達優遇）の影がちらついています。このことは本来ならばマスコミがきちんと取り上げるべき話題だと考えられますが、なぜか大新聞はほとんど書きません。例外は先述の『日経ビジネス』の特集「リニア新幹線　夢か、悪夢か」で、そこに詳しいので、基本的に同誌に依拠してもう少し書いておきましょう。

　その融資内容は「無担保で3兆円を貸し、30年間も元本返済を猶予する。しかも、超長期なのに金利は平均0・8％という低金利を適用する」というとんでもないものです（図7）。その外に不動産取得にかんする税も免除されています。この金利について、『東京新聞』（17年12月19日）には「国土交通省の試算によると、民間からの借り入れと比べて5千億円ほど金利負担が減る」とあり、さらに書かれています。

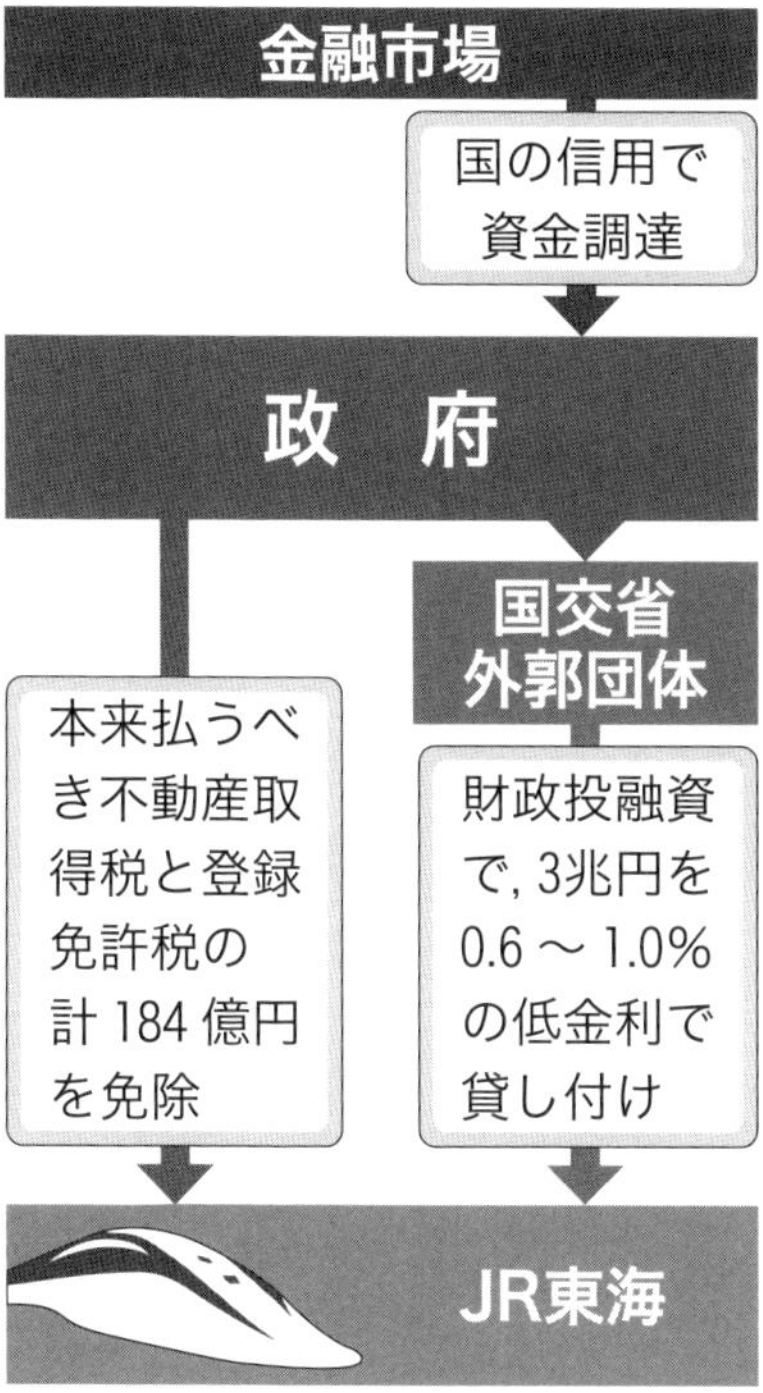

図7　JR東海がリニア工事で国から受ける財政的支援の概要.（『東京新聞』2017年12月19日掲載の図をもとに作図）

財政投融資の資金は政府が国債の一種の「財投債」を発行し、銀行や保険会社などから借りる。ＪＲ東海への金利は将来にわたり低いまま固定されているが、財投債は日銀の政策変更や景気の改善で金利が上昇する可能性がある。政府の支払う利息が貸し出した金利分より多くなれば、その穴埋めに税金が使われる恐れがある。

貸付金額の大きさも、貸付条件の甘さも、いずれも破格のものです。『日経ビジネス』の記事には、日本政策金融公庫の幹部の談話が載っています。

「いや、あの融資条件は、他に聞いたことがないですね」。……「そもそも、30年後から返すって、貸す方も借りる方も責任者は辞めているでしょうし、生きているかどうかも分からないですよね」

おなじ財政投融資という融資スキームを扱っている日本政策投資銀行の談話も書かれています。

「民間銀行はもちろん、うちでも1社に3兆円を貸し出すことはあり得ません。相手先が倒れたら、銀行も一緒に死んでしまう。うちも他の大手銀行も、1社2千億がギリギリのラインです。30年返済据え置き？　それはないでしょ」

金融の常識からしてありえない話なのです。

次の問題もあります。通常で言えば、金融機関がなにがしかの事業に融資するとなれば当然厳しい審査があるはずです。かつて1960年代はじめに旧国鉄が新幹線建設のため世界銀行から8000万ドルを借り入れたとき、借入が決定するまで約3年間の調査と交渉があったと伝えられています。(95)国家事業規模のプロジェクトに対して銀行がそれだけ慎重になるのは当然でしょう。それではこのリニアのプロジェクトの場合、一体どのような審査がなされたのでしょうか。

私の見たかぎりで、リニアについて書かれた文献の大部分は、事業の成功の可能性について、いずれもきわめて厳しい否定的な見方をしています。

『交通学研究　二〇〇九年研究年報』に「中央リニア新幹線導入が経済と環境に及ぼす影響」という論文が掲載されています。著者は東京大学のふたりの研究者・山口勝弘と山崎清で、「要旨」冒頭に「次世代の都市間高速交通網の一翼を担うことが期待される超伝導磁気浮上式鉄道の東京、名古屋及び大阪間への導入（中央リニア新幹線）」とあるように、基本的にはリニア新幹線に期待するという立場で書かれたもので、少なくともリニアに対して批判的なスタンスはありま

せん。そして純粋に数学的な、その意味では中立的なモデルによる定量的な分析に終始していま
す。しかし、その結論は、論文の「要旨」に「中央リニア新幹線は、単体では採算が見込めるが、
東海道新幹線には巨額の減収をもたらす」とあり、本文でも「東海道新幹線を保有・運営する
JR東海にとって中央リニア新幹線導入は事業収支の悪化をもたらす可能性が高い」と結論づけ
られています。(96) 要するに想定されているリニアの需要の多くはこれまでの新幹線利用者のリニア
への乗り換えであって、新規需要ではないのです。したがってリニアのほうが黒字になれば当然
これまでの新幹線のほうは赤字になり、リニア建設の経費を考えると、トータルで事業収支の悪
化をもたらすというわけです。現実問題としては共倒れの可能性さえあります。

難しい数学を使わなくとも、私がすでに2019年に単一の電鉄会社が競合する2本の路線を
有する場合の危険性として語ったのとおなじ結論です。そして現在のJR東海が収入の9割近く
を東海道新幹線に負っていることを考慮すれば、その結論は重大な意味を持っています。201
3年のリニア・市民ネット編著の書に所収の鉄道ジャーナリスト・梅原淳の論文には「株式市場
は正直でこの計画を発表した時には、JR東海の株価はドーンと下がった。財政的に見てもリニ
アは無理ではないかと思う」とあります。投資家は厳しい眼でクールに見ているのです。(97)

1964年開通の東海道新幹線は、それまでの東海道本線とほぼ並走して作られたものですが、
当初、新旧両線とも赤字にはなりませんでした。それというのも、当時は50年代末に始まった経

済成長がすでに数年続き、またその後も続くその中間点で、また戦後のベビー・ブームに生まれたいわゆる「団塊の世代」が大学に進学しあるいは就職した時点で、大学の定員も大幅に増加し、企業も採用人員を増やし、そのため新幹線利用人口が急速に増加しつつあったというきわめて稀な条件に恵まれていたからです。しかし21世紀のリニアにはそのような例外的な幸運は当然望めません。そして実際には、東海道本線も1970年度には赤字に転落していたのです。

雑誌『日経ビジネス』は、とくに政治的な傾向性があるわけではなく、標題どおりビジネスの現状や株価の動向に関心のある人たちが読む雑誌ですが、この雑誌の記事もリニア中央新幹線に対してはきわめて厳しい評価をしています。その記事は第一部、第二部、第三部に分かれていて、その第一部の表題は「速ければいいのか　陸のコンコルド」です。英仏両国が共同で開発したが、騒音と排気ガスの公害を撒き散らし、赤字続きでついには2000年に悲惨な墜落事故をおこして破綻した超音速旅客機コンコルドになぞらえているところに、リニアに対する評価がおのずと透けて見えます。そして第三部の標題は「〈平成〉の終焉　国鉄は二度死ぬ」で、この標題も、このプロジェクトに対するきわめて否定的な見方をストレートに表明しています。

しかしプロジェクトの経済性・収益性について、JR東海自身は信じられないような甘い予測をしています。『土木学会誌』に掲載されている大阪商工会議所地域振興部長・佐野宏の論考には、三菱総研とJR東海の予測として「リニアモーターカー中央新幹線は、東海道新幹線や航空機から転換してくる旅客だけで1日10万3千人と見込まれている」と書かれています[98]。1日10万人というのは、前に第一章で見た、ＪＲ総研の理事長がリニアの使用電力は新幹線の3倍と主張したときに使われた値です。

他方で、２０１２年の『週刊金曜日』の記事には「２００９年度に首都圏と京阪神圏との間を、東海道新幹線を利用した人の数は1日当たり約10万4千人……いっぽう航空機は1日当たりの利用客が約2万6千人」とあります。つまり、ＪＲ東海の予測は、それまでの新幹線と航空機の利用客合計13万人の8割がリニアに乗り換えるであろうというようなきわめて非現実的なものです。『週刊金曜日』の記事は「この試算は現実離れしていると言わざるを得ません」と断じたうえで「リニア新幹線の開通によって新規の需要が掘り起こせるとＪＲ東海は言います。しかし、少子高齢化が進むなか、現在の東海道新幹線の利用客の数はピークと考えてよく、今後大きく増える見込みはないでしょう」とクールに指摘しています[99]。

同様に橋山の書には、ＪＲ東海のリニア開業時の新規需要予測（２００９年の試算）で、従来の新幹線とリニアの旅客の合計が東京－名古屋開通時点で15％増加、東京－大阪開通時点で58％増加とあるのに対して、「こうした根拠のない期待需要が失敗あるいは破綻を招いたプロジェクトは数えきれないほどあるだけに、危惧の念は禁じえない」と述べ、さらに人口減少下での需要の増加が見込まれないことを挙げ、「これまでの分析から言えることは、審議会はもちろん、ＪＲ

東海自身も需要見通しが甘すぎるという一語に尽きる。現下の厳しい経済社会を展望すると、客観的に見て需要増加の可能性はきわめて低く、それにもかかわらず輸送能力を2～5割も増強するという計画フレームに固執して着工すれば、プロジェクトの失敗は避け難い」との判断を語り、リニア中央新幹線計画を「崖っぷちの巨大投資プロジェクト」と断定しています[100]。そしてその危惧は、コロナを知った現在では当然のことながら何倍か、何十倍かに増幅されています。

リニア中央新幹線プロジェクトは、その予算の桁外れの大きさは勿論ですが、計画内容自体、通常の金融の常識では、ということはつまり資本主義的合理性という観点から見て、とても融資の対象にはなりえない不健全なものなのです。

この点について安倍前首相による財政投融資の決定以前の2011年の橋山の次の指摘は重要です。

> 政府補助金についても言及しておく必要があろう。……最近の日本航空の巨額な銀行借入に対する政府の保証の是非が問題になったように、今後は公益事業会社というだけで、民間会社の単独プロジェクトに政府が保証したり補助金を出し続けることはあり得ない。……もしリニア中央新幹線が正式に決定された場合は、すべての経営責任はJR東海にあることを政府は明確に表明し、直接・間接を問わず、将来いかなる場合にも財政支援は行わないことを確認してお

くことは、将来世代のために必要な措置であろう。(101)

この時点で橋山がこのように語ったのは、その危険性を予測していたということでしょうが、しかし橋山があらかじめ釘を刺していたにもかかわらず、そのわずか5年後に財政投融資の投入が決定されたのです。

『毎日新聞』(16年7月25日)の社説には「リニア新幹線　公費の投入は話が違う」と題して、「そもそもリニア計画は、JR東海の〈全額自己負担〉を前提に国が認可したものだ。民間企業の事業だったからこそ、JR東海は政治の介入を極力回避し、開業時期やルートなどを自分で決めることができた。……公的資金による国家プロジェクトの位置づけであったら、JR東海単独の事業として認められただろうか。建設が始まった今になって、やはり国が資金支援、というのは明らかな約束違反だ」とあります。しかし現実にはたんなる「約束違反」を超えた「反則」であり「不正」ではないでしょうか。

そしてそのような「反則」がまかり通った背景には、安倍前政権の存在が考えられます。この『日経ビジネス』の記事のこの問題を扱った第二部の見出しには次のようにあります。

安倍「お友だち融資」三兆円　第三の森加計問題

森友学園、加計学園の比ではない三兆円融資。
その破格の融資スキームが発表される前、安倍と葛西は頻繁に会合を重ねていた。〔太字は原文ママ〕

実際この記事によると、1994年6月以来2018年8月10日までの葛西の首相との面会は、安倍以外の10人の首相とでは計17回、年平均1回未満、それに対して、安倍首相とは、第一次安倍内閣で7回、2018年までの第二次安倍内閣で45回、年平均で8回弱と、とびぬけています。安倍と葛西の関係は、行政府の長と地域独占企業のトップとの関係をはるかに超える緊密なものになっています。そして安倍がJR東海のリニア計画への財政支援を表明した2016年6月1日までの半年間に、葛西と安倍はじつに6回会談しています。

この件にかんして、私は先に「リニア計画を引っ張ってきたJR東海の葛西敬之名誉会長は、安倍晋三首相と非常に距離が近い人物だ。2人の関係があったので優遇されたと見られても仕方がない」という橋山の談話を引きましたが、「……と見られても仕方がない」というよりは「……と見ざるをえない」と言うべきではないでしょうか。『日経ビジネス』には「これほど破格の3兆円融資は、官や民の判断能力をはるかに超えている。しかも、返済されなければ、公的処理をせざるを得ない。大きな政治判断なくして実行できない」とありますが、他方で2014年の橋山の書には、行政監視の権限を有する国会がこの件に関与していないばかりか、「政府はリニア中央線計画について閣議決定も閣議了解もしていない」とあります。[102] 安倍首相ひとりの「政治判断」でなされ、きちんとした議論も審査もなく「安倍案件」として決定されたとしか考えようがありません。森友・加計問題を上回る闇ではないでしょうか。

三・四　技術とナショナリズムの影

前節で見たような現状ですから、経済的合理性から言ってもリニアのプロジェクトには大きな問題があることくらい、経営のプロであるJR東海の経営陣は自覚していたはずだと思われます。

1987年に社長に就任した須田の書は「旧国鉄時代の試算をもとに、リニア方式を採用することとして、シミュレーションを行なった結果では、中央新幹線は収支償う路線となり得るが、東海道新幹線の約半分のお客様が、中央新幹線に移るものと推定され、多額の債務返済の役目を果たしている東海道新幹線の収益に影響するおそれがある」と、控えめではあれ危惧を表明しています。[103] その後の人口減少の影響は考慮していないにせよ、それなりにクールに見ていたと思われます。それればかりか2013年9月にはその当時のJR東海の社長・山田佳臣自身が記者会見で、「リニアだけでは絶対にペイしない」とまで公言していたのです。[104] そして『日経ビジネス』

（18年8月20日）の記事にはJR東日本の元会長・松田昌士のつぎの正直な談話が載っています。

高価なヘリウムを使い、大量の電力を消費する。トンネルを時速500㎞で飛ばすと、ボルト一つ外れても大惨事になる。

「俺はリニアは乗らない。だって、地下の深いところだから、死骸も出てこねえわな」

それでは一体、きわめて問題のあるこのプロジェクトに、どうしてJR東海というような大企業の経営陣がゴーサインを出したのでしょうか。つまりJR東海にとっての「リニアの真の目的」は何かということです。JR東海が当初掲げたリニア建設の目的、あるいは、葛西の書によればJR東海にリニア対策本部が作られた1987年に国に働きかける際の「大義名分」として、以前に挙げた「東京一極集中の緩和」とならぶ三点が、

（一）東海道新幹線の輸送力の限界にともなう輸送力の増強

（二）東海道新幹線の老朽化と東海地震に対処するためのバイパスの建設

（三）東京－大阪の移動時間の大幅短縮

でした。[105] しかし国交省の中央新幹線小委員会の2回目の会合で、JR東海は目的の（一）を取り下げました。バブル景気はすでに終わり、長期不況が続き、さらに人口減少が予測されるという

こともあったのでしょう。輸送力にはまだ余裕があることを認めたのです。
ということは、目的はふたつということですが、その（二）については、リニアでなければならない必然性は認められません。
実際に現在の東海道新幹線の老朽化が進んでいて、そのために早急に大規模な補修が必要なのであれば、費用や時間のかかるリニアでなく、従来の新幹線でバイパスを作ることも可能であり、そのほうが技術的にも確実ですからそちらを選ぶべきであろうと、素人判断でも考えられます。バイパスも、たとえばかつての東海道本線を補う関西本線のような、名古屋－大阪間ではこれまでの新幹線の岐阜－滋賀－京都経由の本線を補う三重－奈良経由の線を作るといった部分的なものも、あるいはもっと簡単に現在の複線を3線にすることも考えられます。実際には技術の向上により、現在では営業時間外（深夜0時～午前6時）に集中的に工事することが可能になっているのだそうです。[106] そんなわけでリニア中央新幹線建設の目的としての「〈老朽化によるバイパスの必要性〉には、あまりにも合理的根拠が欠けていると言わざるを得ない」のです。[107]
他方で、地震対策としては、リニアや新幹線が役に立たないことは、以前に語りました。とすれば、どうしてもリニアでなければならないということの、残る根拠は（三）の時間短縮のみになります。しかしそもそも東京－大阪間のさらなる時間短縮が一般の利用者に求められているのでしょうか。

たしかに２０１３年の『朝日新聞』（10月26日）のアンケート（図８）では「リニア新幹線に乗ってみたいか？」という問いには65％の人が「はい」と答えています。建設過程の費用や環境破壊あるいは所要電力の問題を語らず、ただ出来上がったものが存在しているという前提で、乗ってみたいかと問うだけでは、多くの人が「はい」と答えても不思議はありません。しかしその大部分は、実際には、好奇心からあるいは思い出づくりに「一度は乗ってみたい」、話の種に「一度は時速５００㎞を体感してみたい」というような意味であって、東京‐大阪間の移動に今後主要にリニアを利用しつづけるということとはまったく別問題なのです。むしろ35％もの人が「いいえ」と答えていることのほうが重要でしょう。

その意味では「リニア新幹線は必要？」という問いに54％の人が「不要」「どちらかといえば不要」と答え、「必要」「どちらかといえば必要」の37％を大きく上回っていることは特筆すべきで、この点にこそ注目すべきでしょう。そして「東京‐大阪間の理想的な移動時間は？」というそのものずばりの問いに対する「３時間程度31％、２時間半程度17％、２時間程度30％、１時間程度16％」という結果、つまり大部分（８割近く）の人は現状（のぞみ２時間半前後、平均時速約２００㎞）かそれよりわずかに速い程度を望んでいるという結果はきわめて興味深いものです。というのも、以前に見た阿部修治の論文に次のようにあるからです。

スピードの追求には限りがないとよく言われるが、果たしてそうであろうか。技術というものは一般に、成長期を経て成熟し、安定期を迎えるものである。高速道路は時速100km程度、高速鉄道は時速200～300km程度、航空機は時速900km程度で落ち着いている。レーシングカーが一般に普及することはなかったし、超音速旅客機が普及することもなかった。鉄道のスピードを絶えず上げ続けなければいけないと考えるのは、単に成長神話に呪縛されているだけなのである。無理に背伸びする技術は特殊技術にとどまり、普及することはない。

そしてこれまでいく度も言及した橋山の談話にも「交通機関にはそれぞれの適正なスピードがある。鉄道は時速300kmぐらいでいい」とあります（『日経ビジネス』18年8月20日）。つまりこの『朝日新聞』のアンケート結果は、鉄道技術の成熟にかんして技術者や専門家の予測と一般大衆の希望がほぼ一致していることを示しています。ということは、現在の新幹線が高速鉄道のほぼ完成された状態にあると判断できるということです。

にもかかわらず、何故にリニアにおいて大幅な、というより飛躍的な時間短縮が目的とされているのでしょうか。それを解く鍵は、他でもないリニア推進論者を捉えている大国主義的ナショナリズムにあります。

鉄道にとってもっとも重要なことは輸送の安全性であるという命題は、おそらく誰もが合意で

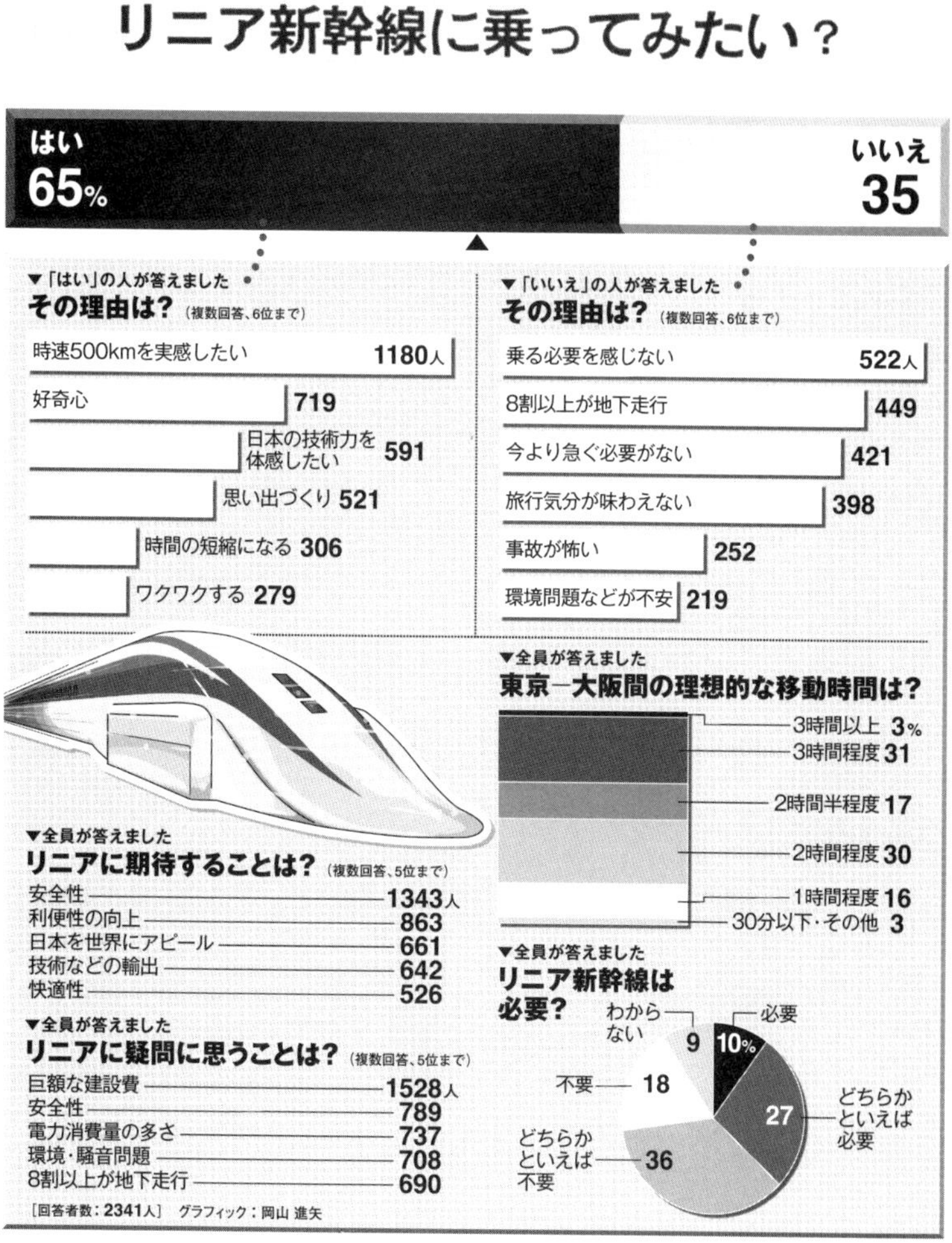

図8 『朝日新聞』によるアンケート「リニア新幹線に乗ってみたい？」.（『朝日新聞』2013年10月26日夕刊 土曜版より. 図表作成：岡山進矢. 許可を得て転載）

きることでしょう。しかし2011年5月に中央新幹線小委員会の家田委員長が国交省に出した答申の一節に「わが国の新幹線は、安全性、信頼性、省エネ性、速達性、ネットワーク性、定時性、建設費用等の点では優れているが、リニアの方が高速性の点で優れているので、リニアが適当である」とあります。このあきれるほど飛躍した一節は、リニア・市民ネット編著『危ないリニア新幹線』所収の橋山論文に「驚かないで頂きたい」とあって引用されているものからの孫引きですが[108]、もしも家田委員長の主張するようなものだとすれば、リニアは、公共交通機関に通常要求されるほとんどすべての項目を後まわしにしても、あるいは犠牲にしても、唯一高速性を優先するというコンセプトの乗り物、つまりプロのレーサーが競うレーシングカーのようなものになり、そうなるともっぱら国際的高速化競争のためのものとしか理解しえなくなります。

技術者の立場からは、1993年の鉄道総合技術研究所の主任研究員・鈴木康文の論文「鉄道車両の高速化と新材料」の冒頭にきわめて率直に書かれています。

鉄道が自動車や航空機等他の輸送機関に対して競争力を高めるためには利便性、快適性の向上そして、高速化を図ることが重要となる。最近JR各社で鉄道の高速化の試みが盛んに行われ、新幹線の試験の最高速度記録も次々に塗りかえられており、1992年9月現在で、350km/hを超えるまでになっている。ちなみに、世界最高の速度記録はフランスTGVの199

0年に達成した515・3km／hである。鉄道利用者にとっては、いかに速く目的地に到着するかが重要であり、そのためには最高速度の向上だけではなく、曲線の速度向上、分岐器の通過速度向上等の課題解決も必要となる。(109)

要するに高速化、つまり「いかに速く目的地に到着するか」を第一目的とし、自動車や航空機に負けない輸送能力を鉄道に持たせるべしということですが、ここでも注目すべきは、高速追求の国際比較が言及されていることです。つまり高速化を達成することで国際的なスピード競争に勝ち抜き、日本の鉄道技術の優秀性を世界にアピールすべしということです。

技術の世界では、とりわけ先端技術の世界では、実用性・経済性だけではなく、成果の国際比較の重視――国際競争での勝利――というナショナリズムの占める要素は、結構大きいのです。先に見た技術者・京谷の書『リニアモータカー』では、著者はもっぱら日本におけるリニアモーターカー開発の独創性が世界水準でトップクラスにあるということの自慢話をくりかえし語っています。結局そういうことが技術開発のモチベーションの源泉なのかと推量されます。かつての東海道新幹線の建設でも、1964年10月の開通直前の関係者の回顧的座談に「端的にいえば、世界をあっといわせるようなものをつくろうという考えが一部の人にあったんじゃないですか」「それはずいぶんあったんじゃないですか」と正直に語られています。(110)

そしてこのような技術者の想いは、技術立国としての国威発揚、国際競争での勝利という20世紀後半の経済成長期の国家思想にすんなりと取り込まれてゆくことになります。以前に見た元山梨県知事の書には書かれています。「〈磁気浮上式鉄道〉（リニアモーターカー）の技術は、日本が人類全体に貢献する独創的なものです。新幹線を走らせた日本の鉄道技術は世界一のものですが、リニアは新幹線を超えた新しい次元の交通手段です。世界が注目する新技術です。科学技術創造立国をめざす21世紀の日本にとって大きな柱となるのです」(11)。技術者自身をも捉えているその手の技術ナショナリズムは、政治的にも社会的にも先端技術開発への重点的投資を招き認めさせる大きな要因になっているのです。

かつて民主党政権の事業仕分けのさいに民主党の国会議員が、スパコン（スーパー・コンピュータ）「京」開発で「世界一を目指す理由は何ですか。2位じゃだめなんでしょうか」と問うたことがありました。技術的にはNo.1もNo.2も差は紙一重でしょう。しかしそのとき石原慎太郎がNo.1とNo.2は月とスッポンほど違うのだと言っていたのが印象に残っています。国家主義的な思想の持ち主から見れば、そういうことになります。というか、それがほとんどすべてです。そしてそれは俚耳に入りやすいのです。

3年前に「世界一の」スパコンを作ると言って国から計100億円もの助成金や融資を受けた会社が、補助金の一部を詐取したと言われる事件がありました。この詐欺事件や以前の「京」の予算の問題について、民主党政権時の事業仕分けを仕切ったシンクタンクの理事が次のように語っています。「あのとき〔事業仕分けのとき〕京を推進していた文部科学省は〈国民に夢を〉などと情に訴え、国威発揚のためといった話を持ち出してきた。〔スパコン詐欺の〕斉藤被告も〈このままでは中国に負ける〉などとあおっていたそうだが、まさにおなじ構造。およそ科学や費用対効果の議論と関係ないナショナリズム的な色彩が、スパコン開発にはある」（『東京』18年7月8日）。最近のことで言うと、日本があらたに開発したスパコン「富岳」に関する『東京新聞』（20年8月6日夕刊）の記事の見出しには「スパコン競争　新時代〈富岳〉トップ達成　次世代機で追う米中」とあります。それがどのような機能を持っているのかとか、何に使えるのかということよりも、世界のどの位置にいるか、競争相手国を上回ったかどうかが、第一に重視されているのです。

幕末に日本が開国した時、多くの日本人は、とくに渡欧・渡米経験のある知識人は、社会思想や政治思想あるいは文化面での格差はさておいて、なによりも技術レベルの格差に衝撃を受け、そこに欧米諸国に対する日本の後進性を見てきたのです。以来「文明開化」を掲げた近代化において技術面でのキャッチアップがきわめて重視され、国際社会における日本のステータスは習得した技術のレベルで測られる傾向がありました。そのような見方は二度目のキャッチアップとしての戦後の復興にも引き継がれたのであり、戦後の各時点での日本の技術水準が日本の国際社会での復活のレベルを示すものと見られたのです。

中曽根康弘は戦後早くから日本の原子力開発を主張していたことで知られていますが、当時彼が考えていたのは、必ずしもエネルギー問題だけだったのではないと思われます。むしろ国家主義者である彼の頭を支配していたのは、戦前、何万トン級の戦艦を所有しているから「一等国」だと判定されたのと同様に、戦後世界では、核兵器を所有する国は文句なしに超大国、核兵器を持たないにしても核技術を有する国がそれに準ずる大国、いわば「一等国」であるという、彼が想定していた国際社会での国家の序列の意識であり、その意味で彼を突き動かしていたのは、日本は核兵器を持てないまでも核技術を習得し、そのことで国際社会でのステータスを獲得しなければならないという大国意識だったと思われます。後に核技術習得の目的をその気になればいつでも核武装ができるようにするためであると捉え、「潜在的核武装路線」を唱えたのは岸信介です。中曽根が初めからそのように考えていたかどうかはわかりませんが、戦前の軍事力保有による大国化にかわる、戦後の核技術の保有による大国化を考えていたのは確かでしょう。

破綻した高速増殖炉「もんじゅ」の建設に日本がいつまでも固執していたのは、よく知られています。「もんじゅ」の計画を放棄すれば核分裂物質プルトニウム備蓄の口実がなくなるというのが政治家や官僚の言い分だったのです。その背景には、官僚の面子とともに、原爆製造に必要なプルトニウムの備蓄や核技術の維持を図るという岸信介以来の潜在的核武装路線がちらついています。ところで、実際に「もんじゅ」の建設に従事してきた技術者たちはどうだったのでしょうか。おそらく彼ら技術者の中には、純粋に技術的なチャレンジ精神だけではなく、欧米諸国が技術的困難から軒並みにギブアップし撤退した前人未踏の高速増殖炉の建設を唯一日本が成し遂げた、日本が最初に成功したという実績を作りたいというナショナリスティックな見栄や功名心が相当の割合含まれていたのではないかと推測されます。

いま「技術者」について語りましたが、「科学者」に対してもまったく同様のことが言えます。池内了の書には「社会が科学に対して直接働きかけ、科学の中身を決めて先導する場合もある。その端的な例が、国家の威信に役立つ科学であり、その最たるものに戦争への科学の動員がある」とあり、その例として第二次世界大戦中に６０００人の科学者と技術者を動員して3年間で原子爆弾を作りあげたアメリカのマンハッタン計画について書かれています。

> 科学者は世界初の原爆作りに熱中してしまい、それがどのような厄災をもたらすかについては（少なくとも完成まで）考えも及ばなかったのだ。科学者は、「世界初」という美名と潤沢な研究資金が提供されれば、結果がどうなろうと突き進んでしまう存在なのである。……世界一となることが目的であり、科学者もそれに積極的に参加していったのだ（**科学者は「世界一」という言葉に滅法弱い**）。〔強調山本〕(112)

もちろん科学者だけではありません。マスコミの世界においてはもちろん、文部行政の場においてさえもその傾向は顕著です。この池内の書には「日本はノーベル賞に対して過敏と言われるくらい敏感に反応する国である」との指摘がありますが、それは学問的関心からではなく、「日本すごい」という昨今のテレビ番組のトレンドとほぼ同レベルの関心です。ノーベル財団がノーベル賞100周年を記念して世界各国で展示会を企画し、日本学術振興会もこれを誘致し、2002年に上野で展示会を開催しました。物理学者・佐藤文隆によると、そのとき東京のスウェーデン大使館で記念パーティーが開かれたのですが、日本の大臣は恥ずかしげもなく「日本人受賞者の数値目標」を細かに語ったのだそうです。[113] ノーベル賞の受賞者数の国別比較がオリンピックの金メダル獲得数の国別比較と同様に語られています。昨今の「有望分野」への研究費の重点的配分は「有望競技」への強化費の重点的配分と同列に見なされているのです。

そしてJR東海のリニア新幹線計画にその手のナショナルな要素が潜んでいることを見破り、それがかなり中心的な動機ではないのかと指摘したのが2011年の原の書であり、2014年の橋山の書なのです。橋山の語るところを見てゆきましょう。

> この計画を考え出したJR東海の目的、経営戦略上の狙いはどこにあるのだろうか。……計画概要から読みとれる狙いは、**「世界一速い鉄道を実現し、世界の鉄道界をリードしたい」**、「こ

れまでの鉄道にイノベーション（革新）を起こす」、「**そのため、これまで開発してきた未踏の新技術である超伝導磁気浮上方式のリニアを中央新幹線で実用化する**」ということにあるように思われる。

ＪＲ東海自身が中央新幹線の運行方式について「在来型新幹線と同じでは能がない」と公言してきた背後には、もう一つのバイパス新幹線をつくることではなく、**「リニアを実現すること」という真の狙い**があるように思われる。

> 高速化をどう実現するか。ＪＲ東海の考えは、これまた明快である。在来新幹線方式ではスピードアップに限界がある。**世界の鉄道革新の先頭に立つには、これまで巨額の開発費をつぎ込んできた超伝導磁気浮上リニアの実用化しかない**[114]。〔強調山本〕

要するに、かつて世界にほこる新幹線を実現させたのと同様に、世界ではじめて超伝導リニアを実現させ、最高速度の世界記録を樹立し、世界をあっと言わせて、いまいちど世界の鉄道業界のトップに立ちたい、というわけです。以前に引用したＪＲ総研の澤田たちの書にあるように、端的にリニアは「日本の技術力を世界に示す」ためのものなのです[115]。そのことを裏側から見るならば「〔JR東海によるリニア建設の〕背景には、近い将来、鉄道技術で中国に追いつかれてしまう、追い抜かれたくないという焦り、切迫感があります」というわけです。[116] これは原武史の書からの引用ですが、その切迫感の裏には、実は中国では、常伝導ではあるものの、すでに3路線で磁気浮上リニアの営業運転が始まっているという事実があります。そして実際、2015年の書物からの次のような文章を読むと、そういう理解が実相を衝いていることがわかります。

技術レベルの高い超伝導リニアは、建設コスト、保守コスト、運行コストともに高くなってしまうので、磁気浮上による高速鉄道を敷設してペイできるのは、人口・産業・経済の高密度集積地帯に限られてくる。この観点から見ると、中国の北京〜上海間は圧倒的に人口が集積し、日本の東京〜大阪間がそれに次ぐ。それに対して、フランスのパリ〜マルセイユ間とドイツのハンブルク〜ミュンヘン間の人口集積はずっとまばらである。このことから、超伝導リニア新幹線の経済的成立要件は中国と日本にありそうである。そこに、新幹線以来の技術集積や1人当たりのGDPも加味すると、やはり東京〜大阪間が一番現実的で、だからこそJR東海が真剣に取り組んでいるのである。

しかし大プロジェクトには政治的意思決定も大きな要素であるから、意外と早い時期に中国に追い越され、北京〜上海間でリニア新幹線の着工がなされるかも知れない。場合によっては、

読者カード

みすず書房の本をご購入いただき，まことにありがとうございます．

書　名

書店名

・「みすず書房図書目録」最新版をご希望の方にお送りいたします．

（希望する／希望しない）

★ご希望の方は下の「ご住所」欄も必ず記入してください．

・新刊・イベントなどをご案内する「みすず書房ニュースレター」（Eメール）をご希望の方にお送りいたします．

（配信を希望する／希望しない）

★ご希望の方は下の「Eメール」欄も必ず記入してください．

（ふりがな） お名前　　　　様	〒	
ご住所　都・道・府・県	市・郡	区
電話　（　　　）		
Eメール		

ご記入いただいた個人情報は正当な目的のためにのみ使用いたします．

ありがとうございました．みすず書房ウェブサイト https://www.msz.co.jp では刊行書の詳細な書誌とともに，新刊，近刊，復刊，イベントなどさまざまなご案内を掲載しています．ぜひご利用ください．

郵便はがき

料金受取人払郵便

本郷局承認

4150

差出有効期間
2022年5月
31日まで

113-8790

東京都文京区
本郷2丁目20番7号

みすず書房営業部
行

通信欄

（ご意見・ご感想などお寄せください．小社ウェブサイトでご紹介させていただく場合がございます．あらかじめご了承ください．）

高速新線計画すらなかなか進まないアメリカが、世界一の威信をかけて一挙に北東回廊（ボストン〜ニューヨーク〜フィラデルフィア〜ボルティモア〜ワシントン）に敷設を思い切るか――。先端技術の粋が集められているだけに、最近日本の関係者は情報開示にとみに神経を使い出している。[117]

ここにあるのは高度成長の達成と国際競争の勝利を目指した時代の技術観の無反省な踏襲でしょう。１９８９年の『土木学会誌』に載せられた名古屋大学経済学部長・飯田経夫のバブル末期のエッセー「リニアモーターカーの意義と期待」は、その冒頭で「19世紀イギリスが蒸気機関車を生み、20世紀アメリカが車と大型ジェット機を生んだのに次いで、21世紀の日本はリニアモーターカーを生むのではないか」と、ＪＲ東海のプロジェクトへのナショナルな期待を臆面もなく語っています。[118] リニアは推進する側も外野席で声援を送る側も、ともに大国主義ナショナリズムに囚われているのです。そしてそのナショナリズムの向かっている先がこの時点で中国にあることを最初に指摘したのが、原武史の『震災と鉄道』第四章なのです。

そしてこういうメンタリティーのもつ危険性をはっきり見抜いて、そのことの問題性を指摘したのは橋山の慧眼です。「高速化に邁進することが鉄道事業の本義ではない」と諭す氏は、このような発想や動機をきびしく批判しています。

民間企業とはいえ、JR各社は「公器」であり、鉄道は自社のためではなく、利用者のためのインフラである。……もし今回のリニア推進の裏に、……試験走行で時速486㎞という記録を達成した中国を意識して、〈時速500㎞を達成して世界を先導する〉というナショナリズム（覇権国家主義）が含まれているとしたら、いささか恐ろしい気がする。鉄道の高速性は否定すべきではないが、高速性で覇権を争う意味もないし、またその必要もない。鉄道に求められるのは、第一に安全性・信頼性であって、次が利便性・低廉性ではないだろうか。(119)

世界最高速度の達成を目指すとか、世界ではじめて長距離リニアを実現化するという発想も含めて、多大な電力と貴重な資源を要するプロジェクトに固執し、多額の資金をつぎ込んで自然破壊・環境破壊の工事を進めることは、それ自体が時代錯誤なのです。

そもそも利用者が鉄道に求めているのはそんなことではないというのは、橋山の指摘どおりです。以前に見たように国交省の文書にリニアが「世界をリードする技術」とありましたが、しかし21世紀においては、自然環境を破壊することなく、また資源やエネルギーを過剰に消費することなく、そして国際競争に勝ち抜くためではなく利用者が本当に求めているものを提供することにこそ、真の意味での「世界をリードする技術」は求められなければならないのです。

第四章　ポスト福島、ポスト・コロナ

四・一　コロナ後のリニアを見る目

すでに語られてきたリニア計画の問題点を、コロナ禍を知った眼であらためて見直してみることにします。

序章に引用した2019年のスピーチで私は「会議など、現地にゆかなくともできる時代なのです」と語りました。2020年8月9日の『毎日新聞』の「仲畑流万能川柳」に「リモートがリニアのニーズ消していき」とあり、『東京新聞』の社説（20年11月1日）にも「リモートの発達は仕事における〈時間〉と〈場所〉の考え方を劇的に変えています」と書かれています。実際、コロナで在宅勤務・テレワークが普及し、直接出社して顔を突き合わさなくとも職場の討論ができたのです。オンライン化のメリットが知れわたり、東京の本社と関西の支社の会議でも地方の取引先との打合せでも、旅費のかかる出張が不要であることを経営者は知ったのです。

「オンラインで1秒でつながれるなら、リニアが開通しても需要はないだろう」と身も蓋もなく言い切ったのは、経済学者・水野和夫です（『毎日』20年7月16日）。先に見た2020年7月8日の政府の「経済財政運営と改革の基本方針」の原案自体に「テレワークの推進など、東京一極集中の流れを変える方針も盛り込んだ」とあります（『東京』20年7月9日）。そのことの良し悪しは別にして、事実として大学や学校でもオンラインの授業が一挙に広がったのであり、子供のときからパソコンになじみ、そのような教育を経験した若者がつぎつぎ社会に出てゆくわけです。それでなくとも人口減で、さらには高齢化があいまって新幹線移動需要の大部分を構成する生産年齢人口はそれ以上の割合で減少することが予想されています。

先に触れたリニア開発にかかわった京谷たちの1971年の書には、情報を重要なものからABCDEの5段階にわけて「これからの情報化社会ではAないしB、あるいはCクラスまでの情報や知識を手に入れるために、〈フェース・トゥー・フェース〔対面〕〉による知識・情報の交換が一段と重要性をおびることになる。……高度な知識や情報を求める多くの人々にとって〈フェース・トゥー・フェース〉の未来社会への移行を余儀なくされることになる。かくて、情報化社会になればなるほど人的交流は拡大成長することになり、その結果交通需要は一段と増大することになろう[120]」と予測されています。しかし、それから半世紀間の情報・通信技術の進歩と今日のコロナ禍で、情勢は一変し、京谷たちの予測は完全に外れたのです。新幹線にかぎらず航空機にせよ自動車にせよ、国内旅客輸送量は横ばいどころか大幅な減少が予想されるのです。また「外国からの観光客」はコロナで激減しましたが、今後それが以前の水準に回復し、さらに右肩上がりで増加しつづけることも、もはや考えにくくなっています。以前に考えられていたリニアの営業環境も収益予測も決定的に変化したのです。

上岡の2016年の書には書かれています。

リニア新幹線事業に関しては大半のメディアが「日本の技術は世界一、夢のプロジェクト」として肯定的に取り上げている。しかしその多くはJR東海の発表を無批判に請け売りする内容にとどまる。冷静に検討すると問題点が多く、物理的な危険性とともに事業性でも疑わしい面が多く、事業としての破綻をきっかけにJR東海あるいは日本の鉄道全体の崩壊の引き金になるおそれがある。(121)

先に見た2014年の書で「〈第三の鉄道（リニア）〉を、この時代に導入することは国家百年の愚策です」とまで言明した橋山もまた、2017年にあらためて「沿線各地で上がる反対の声に、政府もJR東海も率先して答えなければならない」と指摘し、そのうえで自身の思いを語っています。

リニアの高速性が人口減社会を迎える日本に果して必要か、という原点にも、立ち返る必要がある。今のリニアはＪＲ東海が進めたいと思っているだけで、決して国民は望んではいない。完成してもストロー現象で、地方が寂れる恐れが高い。そんな鉄道に何兆円も費やすべきなのか。このままではぼろぼろの日本が待っているだけだ。(122)

上岡や橋山の警告はコロナ以前のものですが、コロナはそこで語られていた危惧を何倍にも増幅し、衝き出しました。コロナ危機はこれまで散発的に語られてきたリニアの諸問題を仮想の問題としてではなく現実の問題として否応なく焙り出したのです。プロジェクトのコロナ以前的な予測やあるいは経済成長時代の期待にもとづく無反省な継続は確実に破綻に向かいます。

否、リニア建設どころか、東海道新幹線それ自体がコロナ禍で大打撃を受けているのです。２０２０年には本来なら書き入れ時のゴールデン・ウィークに東海道新幹線はガラ空きだったのであり、ＪＲ東海が7月に発表した四半期（4～6月）の決算では、前年にくらべて売り上げは73％減、収入は79％減、鉄道大手18社のうちで下げ幅最大になっています（『日経』20年8月12日）。収入の大部分――ほぼ9割――を東海道新幹線の単独路線に負っているＪＲ東海の構造的弱点が劇的に露呈したのです。リニアなどに入れ込んでいる余裕があるのでしょうか。

これまでJR東海は東海道新幹線というドル箱路線を持っていたために、国鉄から引き継いだ相当の借金を抱えながらもやってゆくことができました。しかしリニア建設でJR東海が経営的に行き詰まったなら、そのしわ寄せがJRの労働者とJRの利用者に押し付けられるだけではなく、保守がおろそかになり事故を招来するという危険も考えられます。

2017年12月11日には東海道・山陽新幹線「のぞみ」の重要部である台車のひび割れという大惨事寸前の事故がありました。それ以前に、新幹線ではありませんが、度を越した合理化と過酷な労務管理そして私鉄（阪急・宝塚線）との過剰な競合による無理な高速化に起因すると思われる2005年4月25日のJR西日本・福知山線の運転手・乗客の死者計107名、負傷者562名という大惨事もありました[123]。高度成長時代に建設されたインフラは、半世紀を経て老朽化が始まっています。2012年の山梨県笹子トンネルの天上板崩落で9人が死亡した事故は、インフラ保守の重要性を浮かび上がらせました。それでなくとも人口減少で労働力の確保が難しくなっている時代に入ってゆくのです。これ以上複雑な構造をもつインフラとしてのリニアの線路を造るゆとりがJR東海にあるのでしょうか。

1906年の鉄道国有化法以来、国家主導で築かれてきた日本の鉄道網は、民間企業としてのJR各社の所有物を超えた「公器」、社会的に共有される国民の貴重な財産なわけで、戦後の車社会の発展にもかかわらずその重要性は衰えていません。先に見たように東日本大震災で力を発揮したのは普段は金にならないローカル線だったのです。国鉄時代の赤字ローカル線を引き継いだ第三セクター経営の岩手県三陸鉄道は、震災のわずか5日後の3月16日に一部区間（11・1㎞）を復旧させ、そのことが被災した地元の人たちを勇気づけたと伝えられています[124]。

にもかかわらずJR東海は現在、御殿場線、身延線、飯田線等で駅を無人化するなどの合理化を進めています[125]。地方での過疎が進んでいるJR北海道やJR九州そしてJR四国では事態はもっと深刻です。新聞によると、無人駅の割合は、大きい県から順に、高知県94％、徳島県82％、長崎県80％（『朝日』20年11月16日）、そしてJR西日本は20年8月に「北陸エリア37駅を無人化すると発表」、JR北海道では「年々無人駅が増加、現在では全390駅のうち、7割超の289駅が無人」とあります（『東京』20年9月26日）。それればかりか、採算が合わないという企業の論理だけで、いくつものローカル線が廃線にされ、その結果として地方社会の衰退が加速されています。

その点では、老川慶喜の『日本鉄道史』での「地方公共交通が衰弱しているという現状をみると、そこ〔リニア中央新幹線〕に膨大な国費が投入されるというのはいかにもバランスを欠いているように思える」という指摘は重視されてしかるべきでしょう[126]。実際には「バランスを欠いている」というレベルをもはや通り越しています。現在のローカル線の苦境は、リニア新幹線計画の華々しさと裏腹なのです。かりにリニアが「成功」して国際社会で日本の鉄道技術が高く評価されたとしても、それは日本国内における地方での鉄道の衰退そしてそれにともなう社会の疲弊とひきかえなのです。

上岡の「日本の鉄道全体の崩壊」、あるいは橋山の「ぼろぼろの日本が待っている」という警告は、安易に聞き流してよいものではありません。

四・二　集中と分散、そして脱成長

これまで問うてきた一極集中という問題について、先に触れた２０２０年7月の『毎日新聞』の広井良典へのインタビューはたいへん興味深いものです。広井が財政学や社会心理学、医療経済学の専門家とともにＡＩ（人工知能）を駆使して「２０５０年、日本は持続可能か」とのテーマで日本の将来をシミュレーションした結果が語られています。すなわち「日本の未来が都市集中型と地方分散型に二分され、後戻りのできない分岐点が25～27年ごろにやってくることが判明した」、そして現状のままの都市集中型を貫いた場合、財政は持ち直しても出生率の低下と格差の拡大はさらに進行し、個人の健康寿命や幸福感は低下する、他方、地方分散型に転じた場合は、34～37年ごろまでに、地域のエネルギー自給率や雇用、地方税収に力を注げば、人口、財政、地域、環境資源、雇用、格差、健康、幸福の8つの観点がバランスよく持続可能になると判断されたとあり、さらに語っています。

> 当初は社会保障のあり方などが主要な論点になるだろうと考えていましたが、ふたを開けてみると「集中か分散か」という論点が日本の持続可能性を決める本質であることが分かりました。……**新型コロナは主に東京などの大都市で感染が広がり、都市集中型社会のさまざまな課題を一気に噴出させましたが、それらの解決が求められるコロナ後の社会と、ＡＩが示した持続可能な未来があまりにも一致していたことに驚きました。**〔強調山本〕

反原発という立場からは、すでに福島の原発事故翌年の戸田清の書『〈核発電《ゲンパツ》〉を問う』に、エネルギー浪費社会から低エネルギー社会への転換が石油・核エネルギーから自然エネルギーへの移行と並行的に進められるべきこととして、語られています。

> 石油文明（後期には核を組み込んだ）は大量生産・高速移動・大量破壊・経済成長・中央集権・管理監視社会に適合的である。新しい低エネルギー社会は、適量生産・適度の移動・平和・定常経済・地域分権・市民参加・自由な社会に適合的である。[127]

この点について、かつて「原発震災」という概念を提起して福島の原発事故を予測・警告した地震学者・石橋克彦は、2020年7月2日の『静岡新聞』で、同様に「新型コロナウイルスの大流行により、世界中で社会経済様式が大きく変わろうとしている。経済成長を至上として効率・集積・大規模化が追求されてきたが、それが感染症拡大を激化させたから、ゆとり・分散・小規模が重視されつつある。……だから今後は、東京一極集中や大都市圏の過密と地方の過疎を解消し、エネルギーや食料を域内で自給できる分散型社会を目指すべきだろう」と語っています。ここでも「集中と分散」がキーワードです。

そして石橋もまた、同じ論説で、「時代錯誤のリニア再考を」と訴えています[128]。ポスト福島の観点からは、これまでの新幹線の数倍もの過大な電力を消費し、原発の再稼働や場合によっては新設をも必要とするリニア新幹線プロジェクトは当然見直されるべきものですが、ポスト・コロナの観点からもまた、リニアが一極集中をさらに助長するであろうものとして見直されるべきなのです。つまりリニア新幹線プロジェクトは二重の意味で端的に「時代錯誤」として放棄されるべきものと言えるでしょう。そしてそのことは、根本的には経済成長を至上とする戦後日本のこれまでの行き方の全面的な転換を迫っているのです。

この石橋の議論をとおして、ポスト福島の観点とポスト・コロナの観点が同一地点に収斂したのであり、いずれの観点からも原発とリニアは同様に再考されるべきもの・同様に否定されるべきものとして位置づけられることになり、原発やリニアに代表される集権的エネルギー浪費社会に代わるべき社会として分散型適量生産社会が提起されたのです。

まったく同様に、金子勝の最近の書には「原発、リニア新幹線、東京オリンピック・大阪万博の大規模公共事業とカジノといった時代遅れの成長戦略をとっているかぎり、新しい産業は生まれない」とあり、いくつかの提言とならんで「電力会社の解体」とともに「地域分散ネットワーク型システムへの転換」が語られています(129)。

そしてこの後者の点について、金子勝と飯田哲也の書にはより詳しく説明されています。

「地域分散ネットワーク型」にとって何より重要なのは、地域の中小規模の事業者や農業従事者、市民らで共同出資して、地域の資源を生かしてどのような再生可能エネルギーに投資するかを自ら決めていくこと、そして、そうやって作り出した電気の売電益がその地域に還元されていく、ということです。この循環が、地域の自立を力強く後押しするのです。……このように地域分散ネットワーク型へと転換することは、中央集権的な意思決定システムから、分権・自治型の合意形成システムへの転換を伴うものでもあるのです。……

そして、そこには民主主義が息づいています。再生可能エネルギーによる発電事業ひとつ取っても、みんなで出資し、地域の資源を活かしてどのような再生可能エネルギーに投資するかを自分たちで決めていく。そのようにして、自分たちで地域のあり方を創り上げていくのです。

そして金子は、大都市の過密こそが人類の生存を脅かす大きなリスクであると捉え「社会を防衛するには否応なしに、社会システムに〈分散革命〉を起こさねばなりません。……それは、地域で自立して経済を営み、そこで仕事が成り立つような、本格的な地域分散型の社会なのです」と主張しています(130)。

この集中から分散へつまり中央集権から地域分散へという議論に並行して――必ずしも金子たちはそうは言っていないようですが――常なる成長圧力の社会から脱出し、定常型社会へと向かう展開が論じられることになります。

この点で広井の『ポスト資本主義　科学・人間・社会の未来』も興味深い書物で(131)、先述の『毎日新聞』のインタビューと併せて読まれるべきものです。広井はこの書の「はじめに」に書いています。

私たちの生きる時代が人類史の中でもかなり特異な、つまり〝成長・拡大から成熟・定常化〟への大きな移行期であることが、ひとつのポジティブな可能性ないし希望として浮上してくる。

その場合、資本主義というシステムが不断の「拡大・成長」を不可避の前提とするものだとすれば、そうした移行は、**何らかの意味で資本主義とは異質な原理や価値を内包する社会像を要請する**ことになるだろう。こうした文脈において、「ポスト資本主義」と呼ぶべき社会の構想が、新たな科学や価値のありようと一体のものとして、思考の根底にさかのぼる形で今求められているのではないか。〔pp. ivf. 強調山本〕

この現状認識と将来的展望を基本として、広井の考察は進められます。

この書には、近代化・工業化にともなう社会資本の整備が徐々に普及し「S字カーブ」を描いてやがて成熟段階に達するという興味深い観察が語られています。技術の成熟という意味では、先の阿部論文の主張につながるものです。第一のSが明治以降の鉄道、第二のSが高度成長期の道路整備、第三のSが廃棄物処理施設、都市公園、下水道、空港、高速道路などであるとして、語られています。

以上のような工業化関連の社会資本整備は現在すでに成熟・飽和段階に達している。今後大きく浮上していく〝第四のS〟があるとすれば……それは先ほども述べたように福祉（ケアないし対人サービス）、環境、文化、まちづくり、農業等といった〈ローカル〉な性格の領域であるだろう。

言い換えれば、経済構造の変化に伴って、いわば問題解決（ソリューション）の空間的ユニットないし舞台がローカルな領域にシフトしているわけで、こうした点からもローカライゼーション（ローカル化）ということが不可避の課題となってくる。〔pp. 189f.〕

ここでは、「集中」の対極としての「分散」つまり「ローカル化」が、工業化・近代化の次なる段階の課題として語られています。その背景にあるのは「現在の先進諸国あるいは工業化をへた後の資本主義諸国において、構造的な〝生産過剰〟が生じており、それが若者を中心とする慢性的な失業のもっとも基底にある原因と考えられる〔p. 130〕」「先進諸国の大半において、1980年代から2000年代後半にかけて経済格差が拡大した〔p. 129〕」、すなわち大量生産・大量消費・大量廃棄を続けてきた資本主義社会の行き詰まりとその後の新自由主義のもたらした格差の拡大と労働者の貧困という現状の認識なのです。

そして広井は、その問題への対応として（一）過剰の抑制、（二）再配分の強化・再編、（三）コミュニティ経済の展開、の3点を挙げ、その処方を与えています。

資本主義的な「拡大・成長」ではなくむしろ「（地域内）循環」に軸足を置いたコミュニティ

経済が発展していけば、それは自ずと（一）の「過剰の抑制」にもつながり、かつそこで様々な雇用やコミュニティ的なつながり等が生まれていけば、それは格差の是正（あるいは失業の減少や社会的排除の是正）にも一定寄与し、結果的に（二）の再配分の前提条件を緩和させることになるからである。〔p. 208〕

ここに、「拡大・成長」に「地域内循環」が対置されていることが注目されます。集中に対する分散という空間的展開の見方が、拡大・成長という時間的発展の議論に対して上位に置かれているのです。

すなわち高度成長期を中心に「拡大・成長」の時代においては、工業化というベクトルを中心に世の中が一つの方向に向かって進み、その結果、各地域は〝進んでいる―遅れている〟という単線的な時間軸にそって位置づけられることになる。

ところが現在のように、一定の物質的な豊かさが達成された「ポスト成長」の時代においては、そもそもそうした時間軸が背景に退き、逆に各地域のもつ独自の個性や風土的・文化的多様性に人々の関心が向かうようになる。単純化して言えば、ポスト成長あるいは定常型社会においては時間軸よりも「空間軸」が前面に出るようになるのであり、それは先ほどの〝地域へ

の着陸〟ということとも重なる。〔p. 198〕

この点について、広井は、とりわけ現在の日本の状況について、次のように注記しています。

日本においては、（工業化を通じた）高度成長期の〝成功体験〟が鮮烈であったため、「**経済成長がすべての問題を解決してくれる**」という発想から（団塊世代などを中心に）抜け出せず、人と人との関係性や労働のあり方、東京－地方の関係、税や公共性への意識、ひいては国際関係（「アメリカ－日本－アジア」という序列意識など）等々、あらゆる面において旧来型のモデルと世界観を引きずっているという点が挙げられるだろう。〔p. 214. 強調は原文ママ〕

そのような「旧来型のモデルと世界観」は、たとえば先に見た名古屋大学経済学部長・飯田経夫の技術ナショナリズムに囚われたバブル期のエッセーに典型的にというか、むしろ肥大化した形で見て取ることができます。それは現在の東京一極集中に対する「解決策」として、分散どころかその真逆の、リニアによるその集中のさらなる強化と集中領域のより一層の拡大、すなわち「グレーター東京」の形成を語るものであり、次のように書かれています。

> これまでも東京は、日本国内では一貫して「花の都」だったが、国際的にはいわば片隅の田舎町に過ぎなかった。しかし、日本の「経済大国」化に伴って、いま東京は、全世界にもいくつもない（たぶん3つか4つしかない）中枢都市のひとつへと、変貌を遂げつつある。それはまず金融の分野で起こり、若者文化でも起ころうとしている。日本の経済力がただちには衰亡に向かわないとすると、その他さまざまな面が後に続くにちがいない。
>
> しかし、そういうさまざまな役割をあらたに担うためには、いまの東京では、キャパシティがあまりにも小さすぎる。「東京一極集中」の弊害とは、現時点ではまさにそのことだろう。

つまり飯田にとっての解決策とは、名古屋と大阪が東京に1時間で結び付けられてできるさらなる集中による「世界的都市」の一つとしての「グレーター東京」の形成であり、それが飯田にとっての「6000万人メガロポリス」の意義なのです。しかしそれは、その他の諸地域が疲弊し衰退することを織り込んで形成されるのです。飯田自身が続けています。

> この議論に対しては、ただちにひとつの反論が予想される。それは、それでは「グレーター東京」とその他諸地域との「均衡ある発展」は、いったいどうなるのかということである。しかしそれには、タテマエ論を排してホンネで答えるしかない。……国土のすべての地域がまった

く均等な発展を遂げるなどということは、現実には絶対にありえないだろう。(132)

飯田にとってリニア中央新幹線で形成されるメガロポリス構想は、対外的には大国主義ナショナリズムに突き動かされてニューヨークやパリと肩を並べる国際都市を目指すものであるが、国内的には、地域間格差を容認しさらに拡大することによって、つまり地方を見棄てることによって達成されるのです。その展望は高度成長期からバブルにかけて日本が追い求めたものを、期せずして戯画的に描き出しています。しかしどの道、飯田の描いたような夢は、その後の30年間の日本経済の停滞と福島の原発事故、そしてコロナ禍によって夢のままに終ったのです。

そもそもがリニア新幹線プロジェクトの見直し、つまり過剰なる高速性追求の放棄は、原理的には社会のあり方そのものの見直しの問題なのです。広井はこの書で『ゾウの時間　ネズミの時間』の書で知られる生物学者・本川達雄の所説を次のように紹介しています。

「ビジネス business」とは、文字通り〝busy＋ネス（＝忙しいこと）〟が原義であるが、その本質は「エネルギーを大量に使って時間を短縮すること（＝スピードを上げること）」と言い換えることができる。たとえば東京から博多への出張に列車ではなく飛行機で行くと、それはエネルギーをより多く使う分、それだけ速い時間で目的地に到着することができるわけで、つ

> まりそれは「エネルギー→時間」という変換がなされたことになる。〔p. 141f.〕

私自身がリニア問題にこだわってきた理由をうまく説明してもらったような気がします。リニアは新幹線にくらべて東京－大阪間を約3分の1の時間で運行し、そのため約4ないし5倍のエネルギーを必要とするのです。水野和夫の書にあるように「成長とは〈より遠くへ、より速く〉行動することで達成できるのですが、そのためにはエネルギーの消費が不可欠」なのです。[133]

広井の文章は続いています。

> この調子で人間は生活のスピードを無際限に速めてきており、現代人の時間の流れは縄文人の40倍ものスピードになっている（同時に縄文人の40倍のエネルギーを消費している）。しかしそうした時間の速さに現代人は身体的にもついていけなくなりつつあり、「時間環境問題」の解決こそが人間にとっての課題である、というのが本川の主張である。〔p. 142〕

もっとも、縄文人と現代人でスピードの比は、実際には40倍というようなレベルではないでしょう。江戸時代、東海道で江戸（東京）－大坂（大阪）間は大体15日かかりました。現在新幹線で2時間半を切っているので、単純計算でじつに１５０倍近くのスピードになっています。それどころか世界経済がグローバルな金融中心経済へと変貌することにより、ビジネスの世界では情報通信技術と金融自由化が生みだした「電子・金融空間」としての各国の証券取引所では経済の実体をともなうことなく1秒の100万分の1とかそれ以上の目もくらむようなスピードで途方もない金額が国境を越えて取引されているのです。本川の言うエネルギーの時間への変換は、すでにもう極限に達しているのではないでしょうか。現実空間においても、コンコルドの破産はすでにそのことを象徴しています。それはまたリニアの行く末を暗示するものです。

この点で、広井の書には次の興味深い記述があります。すなわち「ほとんどの経済指標は、富の生産や経済活動の〈単位時間当たりの〉量で測られている。……〈経済成長率〉が少し落ちるということは、〈生きていくスピードをちょっとゆるめる〉ということに他ならない」〔p. 143〕。つまり集中に対して分散を重視し、時間軸にたいして空間軸を上位に置き、過剰なるスピードを求めないことは、成長経済を根底的に見直すことなのです。それはエネルギーの時間への変換がすでに極限に接近している現在、逃れられない課題として提起されているのです。

そして成長圧力から解放された定常型社会は、ひるがえって中央集権を斥け、社会の分散化を促すことになります。成長経済にかわる定常型社会を語った広井の2001年の書『定常型社会』には書かれています。

考えてみれば、そもそも日本（特に戦後の日本）がきわめて中央集権的な社会となっていったのは……他でもなく「（経済）成長」という日本社会全体の目標と不可分のものであったと思われる。つまり「成長」という（国家あるいは国民挙げての）目標を達成するために、各種制度や経済システムその他すべてが強力かつ一元的に編成されたのであり、中央集権化はその自然な帰結であった。「成長」という目標に向けて社会全体がきわめて「求心的」なものになったのが戦後の日本社会だったのである。

逆にいえば「成長に向けての社会全体の編成・統合」という強い推進力ないし求心的な目標が（これまでのように（は））機能しなくなれば、社会が「中央集権的」でなければならない理由はどこにもなくなるのである。その意味で、先にも述べたように定常型社会は自ずと社会の分権化ないし分散化を導くことになる。……裏返していえば、分権型ないし分散型社会というものは、「定常型社会」という社会全体のイメージとセットで考えてはじめて、より豊かでのびのびとしたものとして再定義されるのではないだろうか。[134]〔傍点は原文ママ〕

こうして「〈限りない拡大・成長〉というパラダイムそのものの根底的な見直しが求められる時代に私たちは入ろうとしているのではないだろうか〔p. 51〕」という見通しに導かれることになります。

四・三　脱成長と定常型社会の展望

リーマン・ショックによる世界の金融危機と福島の原発事故は、金融工学や原子力工学も結局は人類が制御できない技術であったことを明らかにしました。とくに20世紀後半、第二次世界大戦後の欧米諸国と日本の経済活動の急成長、すなわち急速な工業化と化石エネルギーの大量使用、そして原発の無分別な建設は、地球の温暖化と石油化学製品による海洋汚染、そして核のゴミ（放射性廃棄物）の大量蓄積をもたらし、21世紀はその後始末に向き合わされています。

今から50年前、日本の高度成長の絶頂期に開催された1970年大阪万博では「万博会場のなかでも人気の高かった三菱未来館では、〈50年後の日本〉をコンセプトに展示が構成され、気象コントロール隊が宇宙衛星によって台風を消滅させる様子や、海底油田や鉱山の探査を進める海底開発基地、新しいテクノロジーに支えられる21世紀の都市が、動く歩道に沿って紹介されていた」(135)と、伝えられています。テクノロジーのかぎりない発展によって地球資源の収奪、そして技術的進歩による自然の改造と都市の発展がいくらでも進みうるように見られていたのです。しかし現実には、この50年で工業文明による地球環境の破壊が進行し、「台風を消滅させる」どころか、何十年に一度と言われるような超大型台風が頻繁に日本を襲うようになったのです。

そのおなじ1970年にアメリカの文明批評家ルイス・マンフォードは次のように語っていま

す。

テクノロジーは、不幸にして、まだ内部から機械や機械製品の増産のどんな制限も展開させていないし、……そのお気に入りの経済的動機の点からいえば、それを期待してもいない。権力も利潤もともにより多数の消費者のために、より多くの商品を生産し、できる限り短い期間でそれを消費することを保証することに依存している。

だから、長いうちには――そして長いうちとは、たぶん1世紀以下の期間を意味する――われわれの拡大する巨大技術体系は、もし現在の進路を変えずに続くならば、全地球をその現在の住民と同様すべてのものにとって住めないものにするであろう。(136)〔強調山本〕

その2年後の1972年にローマ・クラブの『成長の限界』が出て、このままいけば自然資源の枯渇と環境破壊で百年以内に成長の限界に達すると警告を発しました。マンフォードとローマ・クラブのこの予測では、残された期間は現在ではあと50年以下ということになります。50年以下という判断の妥当性はともかく、50年前にはたんなる想像と思われた予測が、気候変動や生物多様性の崩壊に見られる地球環境の急速な劣悪化によって、現実的な相貌を見せ始めています。原発の運転にともなう放射性廃棄物や原発自体の後始末にせよ、化石燃料の乱用と大量の石油化学製品の氾濫による海洋や大気の汚染にせよ、あるいはこのところ毎年のように日本を襲う超大型台風や集中豪雨にせよ、オーストラリアの空前の規模の山火事やヒマラヤでの氷河崩壊に見られる気候変動にせよ、やみくもな成長経済のつけを将来の世代に付け回してきたことの結果が、あちこちのほころびから顔を出し始めているのです。福島原発事故の現場では、崩壊した原子炉にはいまなお手がつけられないだけではなく、処理しようのない汚染水が毎日増えつづけているのです。

２０１５年に書かれた『崩壊学』には「私たちが生きているのはおそらく、産業文明のエンジンがエンストする前の、最後に咳き込んでいるときなのである」とあり、次のように指摘されています。

大惨事に関係するのは未来の世代だけではない、現世代にもかかわっている。温暖化では〝すでに〟かつてないほどの長期的で厳しい熱波や、想定外の非常事態（暴風雨、ハリケーン、洪水、干魃《かんばつ》など）が起きており、ここ10年間で多大な被害をもたらしている。〔中略〕〝すでに〟確認されているのは、人口過密地帯での水不足、経済的損失、社会的混乱や政治不安、感染症の蔓延、略奪者や有害動物の拡大、多くの生物種の絶滅、特有なエコシステムにおいて深刻で取り返しのつかない被害、北極の氷や氷河の溶解、同じく農産物の収穫高の減少……などであ

る。これが現在だ。(137)

そしてその危機は、すでに限界点に近づいていると語られています。

全体的なレベルでは、世界経済と地球システムの2つが、非線形力学に支配された複雑系システムで、やはり転換点を含んでいる。それを証明するのが最近の2つの研究で、一つは、金融システム全体の危機のリスクを分析、きわめて短期間で重要な経済危機を招くとしている。もう一つは、「生態系全体」が危険なまでに転換点に近づいている可能性に取り組んだもので、それを超えると地球上の生命活動は現存する種の大半にとって不可能になるとしている。

リーマン・ショックや福島の原発事故だけではなく、欧米先進諸国を軒並みにおそった今回のコロナ・パンデミックは、転換点の一つのそして重要な予兆と見ることができるでしょう。にもかかわらず各国政府は経済成長を最優先して、問題を先送りしつづけています。というのも広井の言うように、つまるところ資本主義とは「〈市場経済プラス（限りない）拡大・成長〉を志向するシステム〔p. 28〕」だからなのです。資本主義とは「経済のパイの総量が〈拡大・成長〉しうる」という条件のもとで「〝私利の追求〟ということを最大限に（うまく）活用したシステム」と言い換えることもできます〔p. 35〕。したがって資本主義社会でありつづけるかぎり、経済成長を放棄することができないのです。このようにして重化学工業を軸とする20世紀の先進国における工業化は、化石燃料および原子力によるエネルギーの浪費と地球資源の歯止めなき濫用、そしてフロンティアにおける労働力の収奪によって「パイの総量が〈拡大・成長〉しうる」条件を作り出してきました。しかし21世紀になってその条件が失われつつあるのです。

水野和夫の書もまた「近代とは経済的に見れば、成長と同義語です。資本主義は〈成長〉をもっとも効率的におこなうシステムですが、その環境や基盤を近代国家が整えていったのです」、「資本主義が経てきた歴史的なプロセスをつぶさに検証すれば、成長が止まる時期が〈目前〉と言っていいほど近くまで迫っていることが明白にわかります」と語っています。実際、同書には「もう資本主義というシステムは老朽化して、賞味期限が切れかかっています」とあります。資本主義は経済成長を続けることによって利潤をあげる、つまり資本を投下してより多くの資本を作り出すことを一貫して最大の目的としているわけですが、水野の理解では、もはやその目的が達成できなくなっているということです。その結果もたらされるものはなにか。「もはや利潤をあげる空間がないところで無理やり利潤を追求すれば、そのしわ寄せは格差や貧困という形をとって弱者に集中します。そして……現代の弱者は、圧倒的多数の中間層が没落する形となって現れるのです」[138]。それは、先に広井もまた指摘していた、先進諸国における1980年代から

2000年代後半にかけて進行していた事態にほかならないのであり、成長の条件がもはや失われている状態でなおかつ成長を追い求めつづけていることの結果なのです。

その行き詰りをリーマン・ショックと福島の事故とコロナ禍が暴き出してだめ押ししたことになります。それゆえ「ポスト福島」や「ポスト・コロナ」を語ることは、つきつめれば「ポスト資本主義」として語ることになるでしょう。こうして、広井や水野は「ポスト資本主義社会」を「脱成長社会」として描くことになります。この点について水野の書は「〈脱成長〉や〈ゼロ成長〉というと、多くの人は後ろ向きの姿勢と捉えてしまいますが、そうではありません。いまや成長主義こそが〈倒錯〉しているのであって、結果として後ろを向くことになるのであり、それを食い止める前向きの指針が〈脱成長〉なのです」と説明しています。(139)

同様に、2020年に出版された刺激的で興味深い書、斎藤幸平の『人新世の「資本論」』も「脱成長」を語っています。斎藤のこの書の基本的な現状認識は、資本主義的な経済活動が引き起こす地球環境の負荷が取り返しのつかなくなる限界に近づきつつあるというもので、それは、炭酸ガスの増加による気候変動にとくに強調点を置いていることをのぞき、基本的には先に触れた『崩壊学』の現状認識とほぼ完全に一致しています。(140)その基本的な立場は「人間を資本蓄積のための道具として扱う資本主義は、自然もまた単なる掠奪の対象とみなす。このことが本書の基本的主張のひとつをなす」という認識にあります。

そして斎藤の書は「ここには、資本の力では克服できない限界が存在する。資本は無限の価値増殖を目指すが、地球は有限である。外部を使いつくすと、今までのやり方はうまくいかなくなる。危機が始まるのだ。……その最たる例こそ、今まさに進行している気候変動だろう」との現状分析を踏まえて、「二酸化炭素〔炭酸ガス〕排出量削減にどれだけ本気で取り組むのか。……本書が提起したいひとつの選択肢は、〈脱成長〉である」と、自身の問題を設定し、そしてその回答を語っています。ここに貫かれているのは「地球環境の破壊を行っている犯人が、無限の経済成長を追い求める資本主義システムだからだ。そう、資本主義こそが、気候変動をはじめとする環境危機の原因にほかならない」のであり、したがって資本主義の内部での解決はありえない、資本主義自身には解決能力はない、「要するに、これまでの経済成長を支えてきた大量生産・大量消費そのものを抜本的に見直さなくてはならない」という斎藤の認識なのです[141]。

ちなみに「人新世」とは、見慣れない言葉ですが、人間の活動の痕跡が地球の表面を覆い尽くした年代、別の表現では「人類が地球システムの生物地球化学的大循環をくつがえすほどの力をつけた時代」を指します[142]。

広井の書に戻ると、彼はその「ポスト資本主義社会」、「脱成長社会」を、『ポスト資本主義』では「何らかの意味で資本主義とは異質な原理や価値を内包する社会」と抽象的に語っていますが、以前の書『定常型社会』では、「脱成長社会」を書の標題どおり「定常型社会」であるとして、その「定常型社会」を「従来型の〈資本主義vs.社会主義〉、〈自由vs.平等〉といった二項対立をすでに超えている社会の理念[143]」と規定しています。いずれにせよ抽象的ですが、それに対して斎藤は、「脱成長コミュニズム」を語ることによって広井の議論の不十分性を指摘しています。しかし不十分であるかどうかというような議論、言い換えればポスト資本主義社会のあり方の一般論に、リニアをめぐって論じてきた本書で入り込むのは、正直なところ荷が重すぎます。むしろリニア問題との関連で、「脱成長社会」という選択の現実性と必然性を日本社会の現実の中に確認してゆくことの方がよほど重要だと思われます。その意味で最終節では、原発事故とリニア新幹線によって提起された問題を日本の戦後の復興から高度成長を経て今日にいたるまでの歩みの中に捉え返すことで、今までの議論を確認してゆきたいと思います。

四・四　高度成長の実相を踏まえて

前節で脱成長をめぐる議論を見てゆきましたが、いずれにせよ「経済成長」は政治権力と中央官庁と財界が計画したからといって、いつでもできるというものではないでしょう。資本主義社会があくなき経済成長を求めるからといって、それなりの条件がなければ叶わないはずです。条件がないところで無理やり追求すれば、当然その歪みやしわ寄せがどこかに出てくるはずでしょう。それゆえ、日本における戦後50年代の復興と60年代の高度成長が現実にどのような条件のもとで可能となったのか、この点を見てゆくことからはじめて、これまでの議論を見直すことにします。

高度成長が70年代に終わり、その後バブル経済が崩壊して日本が長期にわたる不況に入り込んだ1995年に、国会で「科学技術基本法」が議員立法で成立しています。その法案成立を推進した中心人物である衆議院議員・尾身幸次の書『科学技術立国論』の冒頭に「明治維新以降今日に至るまで、我が国は大きなキャッチアップを二度経験している。一つは明治の脱亜入欧政策によるものである。……もう一つは戦後復興に始まる。**終戦直後の荒廃の中から文字通りゼロからスタートし**、驚異的な復興を成し遂げ、さらには高度経済成長を通して、欧米先進国に追い付き、肩を並べるようになった」(144)とあります〔強調山本〕。「明治の脱亜入欧」が「政策」と呼べるものであったのかどうかは知りませんが、それはともかく、戦後の復興と高度成長がまるでなにもない白紙の状態から成し遂げられたような書き方です。そういうことが可能であるならば、勤勉と努力でつねに経済成長が可能だということになります。しかし現実は相当違っています。

たしかに広島と長崎は言うに及ばず、東京・大阪をはじめいくつもの都市が焼け野原となり、多くの人たちは家や財産を失い、食糧難で食うや食わずの状態にあり、民衆の生活レベルでは、戦後の復興は廃墟からの復活と言えます。しかし以下に見るように、実際には、戦争遂行を第一義とする軍事国家すなわち「高度国防国家」の建設を目指した戦時下の総力戦体制が生みだしたもの――人材やその組織、そして研究成果や生産設備――は、じつは戦後もその多くが残されていたのであり、戦後、日本経済はまったくのゼロからスタートしたのではありません。

人材とその組織という点では、次のことが言えます。1945年の敗戦後、占領軍――実質的には米軍――は、日本の非軍事化に向けて帝国軍隊を解体しましたが、軍に同伴して戦争遂行に協力した日本の官僚機構については、内務省を解体しただけで、事実上手を着けなかったのです。そのため、戦争中はドイツの国民社会主義（ナチズム）やスターリンの一国社会主義の計画経済にならって統制経済を指導した官僚たちも、多くは戦後もその地位にとどまり、中央官庁にあって経済復興の指導にあたることができたのです。このことが戦後の復興を条件づけました。戦後すぐの経済安定本部による石炭・鉄鋼を重点的に生産する傾斜生産方式から、55年に閣議決定された「経済自立五カ年計画」による重化学工業再建の追求、そして60年の池田内閣による所得倍増計画にいたるまでの経済復興の方向付けは、戦時下での統制経済の延長線上にあったのです。それにともなって、産と学に対する官の優位性、官の指導性という戦時下の思想も引き継がれてゆきました。そこからやがて中央官庁と財界そして保守政党からなる戦後の権力ブロックが形成され、産業の中央集権的な指導体制――戦後版総力戦体制――が確立されていったのです。(145)

『経済白書』がもはや「戦後」ではないと表明したのは56年ですが、戦後の復興をはじめに印象づけたのは、当時東洋一とうたわれた佐久間ダム（発電能力35万kW）の同じく56年の完成で、3年余りを要したその建設は戦後日本最初の巨大開発でした。このダムの建設は、地域の総合的発展をうたったアメリカのニューディール政策の象徴としてのＴＶＡ（テネシー川流域開発公社）にならったものと語られていたのですが、その現実について次のような指摘があります。

佐久間ダムは、洪水の調節や灌漑そして電力供給を通じて地域の生活を改善する日本の科学技術力の実例として、政府と企業が提案したものである。戦後民主主義と平和的な経済成長の旗の下にこのインフラ開発は装いを新たにされたが、それにもかかわらずダムの社会的効果は戦時期に作られた他のダムが持っていたものと酷似していた。日本が破壊された産業基盤を復興するため電力が切実に必要とされていたことから、このダム建設の影響を蒙った地元民の犠牲は不可欠だと認識されていた。ダムが建設されている間、佐久間は地域的に発展したものの、その数年後には農林水産業の衰退で都市へ移動する住民が急速に増加し税収も枯渇した。最終的に、佐久間ダムの電力は佐久間地域よりもむしろ東京や名古屋といった発展中の産業都市の成長に恩恵をもたらした。

結局「公益」ということは実質的には都市と大企業で使用する電力のために、ダム予定地の人たちはそれまで生まれ育った土地からの立ち退きを強いられたのですが、地方の犠牲に支えられた大企業の発展と都市部の繁栄というこのパターンは、62年に始まる全国総合開発計画から72年の田中角栄の日本列島改造論にいたるまでの多くの開発プロジェクトの原型となりました。この引用はアーロン・S・モーアの『「大東亜」を建設する　帝国日本の技術とイデオロギー』からのものですが、そこには書かれています。

戦時期同様、総合発展計画は決してバランスがとれていたものではなく、人々に対してよりもむしろ政府の経済成長目標と巨大企業の利害に向かうゆがんだ性格を有していた。……これらのプロジェクトは……「土建国家」の台頭に貢献したに過ぎなかった。それは大企業の利益を優先し、環境破壊や農村－都市間の格差を拡大させた。(146)

この巨大ダムが早くも戦後10年余にして建設されたということは、それだけの大規模土木工事を担いうる企業が当時の日本にすでに存在していたということを意味しています。それらの大手建設会社は、戦前・戦中、国内だけでなく植民地や「満州国」での灌漑やダム工事を請け負うことで、資本とともに必要なノウハウを蓄積していたのです。ここに「戦時期同様」の「ゆがんだ性格」とありますが、それは、戦争遂行を第一義とした戦時下での公共事業が、植民地や海外の支配地ではもとより国内においても、軍の力を背景にして、現地の住民たちに正確な情報を与えず、現地の住民の不利益をかまわずなされたことを指しています。50年代の復興に始まり今にいたるまでの戦後日本の公共事業の現実は、戦時下総力戦体制の延長として、当初からこんなふうに特徴づけられていたのです。

こうして日本は、55年のいわゆる神武景気に始まる高度成長の時代を迎えます。以来、日本は73年の第一次石油危機までの18年間にわたり、年平均10％を越える「驚異的な」経済成長を遂げ、68年にはGNP世界第二位という「経済大国」に成り上がったのです。それを可能にした条件は何だったのでしょうか。56年から58年にかけて雑誌に連載された伊藤整の小説『氾濫』はその時代の化学技術者を主人公とする小説ですが、その中に「ちょうど日本の自動車工業が、戦後の虚脱から立ち直り、朝鮮戦争の車輛修理で駆り集めた熟練工やアメリカ軍の収容解除で戻された工場などを使って、国産自動車の改良に乗り出そうとした時であった」という一節があります。ここには朝鮮特需と熟練工の存在、米軍による生産施設接収の解除とそれによる自動車産業の復興が触れられていますが、これらの事実こそがその後の高度成長の与件だったのです。

日中戦争から太平洋戦争にいたる時代は、理工系ブームの時代だったのであり、理工系の研究者・技術者は優遇され、軍に協力するかぎりで召集されることもなく研究に専念することが許されていました。大学工学部では講座も学生定員も大幅に増やされ、東大では第二工学部も新設されています。そして戦後すぐに閉鎖された軍の研究機関や工廠、あるいは民間企業の軍事部門で働いていた研究者や技術者たちは、戦争協力の責任を問われることもなく、戦後も国の研究機関や民間企業に職を求めることができたのです。こうしてそれらの研究者や技術者が大きな戦力として復興を支え、経済成長を牽引してゆきました。東大第二工学部で教育された技術者の多くも高度成長の中心的な担い手になってゆきました。戦後高度成長の第一の条件は、このように豊富な人材が戦時下で育成され蓄積されていたことにあります。

日本の高度成長を象徴する東海道新幹線は、戦時計画としての弾丸列車の継承で、その開発には戦時下での航空機の研究者や技術者の多くが関わっていました。また戦後生まれた東京通信工業、後の世界的企業ソニーは、海軍技術研究所の人脈で成り立っていたのです。戦後のヒット商品である軽乗用車スバル360を創った富士重工業（現SUBARU）の前身は中島飛行機で、航空機製造で培った技術が軽自動車の開発に活かされたのです。労働力について言えば、戦時中の出産奨励から戦後のベビーブームまでの結果として、若年労働力が豊富に生まれていたのです。

そして第二の条件は、それらの人材が能力を発揮できる場が、戦後の日本社会に存在していたことです。45年の敗戦の直後に米軍による日本の支配が始まり、米軍は日本の非軍事化と民主化に着手し、軍事生産施設を接収しました。しかし48年の朝鮮民主主義人民共和国と49年の中華人民共和国の成立と冷戦体制への移行により、米国は日本占領の方針を民主化の徹底から対共産圏防衛網の一環に組み込むことに転換し、対日政策は賠償請求よりも経済の安定化に舵を切ったのです。その結果、戦後に残されていた、そして当初は実物賠償の対象となっていた軍事工場を含む日本の工業生産設備の大部分は破壊と撤去を免れたのです。その時点で日本の工業生産設備は、老朽化していたものの戦前のピークのじつに80％が残っていたと言われています[147]。技術論の研究者・星野芳郎の56年の書にあるように「あれほどの大戦争をおこし、そして大敗北を喫しながらも、戦時経済にもっとも深入りしていた銀行や軍需会社がつぶれたという話は、ついにひとつも聞かれなかった」のです[148]。戦時下で戦艦や軍用機の開発・製造でボロ儲けをし、資本金を20倍近くにも増大させていた三菱重工なども、戦争責任を問われることなく、軍事生産で増員した技術者と拡大した生産設備の大部分を戦後も保持していました。電器産業では、東芝、日立、パナソニック（松下）は戦時下の軍事生産で大きく成長した企業です。自動車産業ではトヨタ、日産、いすゞは、軍事目的の「自動車製造事業法」の恩恵を受けて政府と軍の保護下で育まれた企業です。そしてこれらの企業が60年代に高度成長を支えてゆくことになります。

こうして見ると、高度成長にとってかつての戦争の人的・物的遺産の存在はきわめて大きかったことがわかります。戦後の復興と高度成長は尾身の言うように「ゼロからスタート」したのでは決してありません。そして、メンタルな面でも戦争の遺産は残されていたのです。

1964年の東京オリンピックは、日本が世界に復興をアピールし、国際的なステータスの回復を目指すためのものでした。そのときの開会式の各国選手団入場の最後に登場した日本の大選手団は、軍隊行進さながらに歩調を揃えて行進したので、それを見た各国の記者たちは、日本はまだミリタリズム（軍国主義）の国であったのかと仰天したと言われています。日本のスポーツ界に連綿と引き継がれていた軍隊的体質が露呈したシーンだったのですが、外国人に指摘されるまでそれを不思議とも思っていなかった大半の日本人も、かつての大日本帝国のもとで育成されたメンタリティーを維持していたと言えます。当時の優れた技術者や技術畑の経営者の伝記や社史などには「戦争では負けたが、今度は科学技術の競争や技術に基づく経済戦争で勝とうと思った」という証言がおびただしくあると言われますが(149)、当時の日本の高度成長は戦時下の総力戦の遺産を物心ともに継承した戦後版の総力戦としての「経済戦争」だったのです。同様に70年大阪万博も、ＧＮＰ世界第二位に達した日本が「経済戦争の勝利」を内外に誇示する場だったのです。64年東京オリンピックは、70年大阪万博とともに、根本的には「国威発揚」のための国家的イベントであって、戦後も日本が大国主義ナショナリズムに突き動かされていたことを示していたのですが、はしなくもその開会式の場で「軍事パレード」をやることによって、清算されることなく戦前から引きずっていたメンタリティーを開示することになったのです。

軍事という点ではさらに、50年に始まる朝鮮戦争での特需、そして60年代中期からのベトナム戦争での特需があります。先に見たように対日政策を転換させた米国は、朝鮮戦争で、当時アジアで工業生産能力を有していた唯一の国である日本を最前線での兵站基地と位置付けたのです。特需は、ナパーム弾からロケット砲・迫撃砲・バズーカ砲を含む砲弾類から、拳銃・小銃・機関銃とそれらの弾薬、さらに軍用トラックや自動車部品、石炭から軍服や毛布にまで、さらには戦車や無線装置の修理から基地建設にまで及んでいます。朝鮮戦争のときの軍用トラックの発注が「天の恵み」となってトヨタ、日産、いすゞを蘇らせたのです。この朝鮮特需で日本には当時の日本輸出総額の6割に達する30億ドルが流れ込み、企業はその利益を老朽化していた生産設備の更新と最新技術の導入に当て、こうして60年代高度成長の基礎が形成されたのです。そして「トイレットペーパーからミサイルまで」と言われたベトナム特需は、65〜72年で直接・間接あわせて70億ドルに達したのです。朝鮮特需がなかったら50年代末からの高度成長はなかったであろうし、ベトナム特需がなかったらそれが70年代にまで続くこともなかったでしょう。

兵器生産を中心とする朝鮮特需とベトナム特需が、60年代から70年代中期にいたるまでの長期にわたる日本の経済成長を可能にした第三の条件です。

そして最後に外的条件として、71年に米国がドルと金の交換を停止し、73年に変動相場制に移行するまで、ＩＭＦ・ＧＡＴＴ体制のもとで1ドル３６０円の割安な固定為替レートもあって60年代後半から貿易が拡大していたこと、および、石油輸出国機構（ＯＰＥＣ）による原油価格の大幅値上げで引き起こされた73年の第一次石油危機まで、石油をきわめて安く買うことができたということがあります。

ざっと見て、少なくともこれだけの条件があってはじめて、戦後日本の復興と高度成長が成し遂げられたのです。つまり日本の高度成長は戦前の軍事大国の遺産、そして戦後の韓国・朝鮮の戦争とベトナムでの戦争があってはじめて可能になったのであり、戦前戦後をとおしてアジアの人たちの流した血によって購われていたのです。ちなみに、米国の対日政策が日本経済の安定化に転換されたと言いましたが、それは他方での米国による沖縄の占領継続と軍事基地化、そして朝鮮半島での戦争状態によって補完されていたのです。

戦時中「欲シガリマセン勝ツマデハ」のスローガンのもとで耐乏生活を強いられ、戦後50年代にいたっても窮乏生活を余儀なくされてきた日本の民衆にとって、60年安保闘争後の労使協調路線のもとでの雇用の安定と、その後の所得倍増計画の展開、そしてそれに並行して流れ出た豊富な商品の氾濫は、購買意欲を大きく高めるものでした。戦時下の空襲による家屋の焼失や戦後の人口増加による住宅難を解消する目的で都市郊外に建てられた団地が日本社会の核家族化を進め、そのための世帯数の増加が耐久消費財の需要を押し上げたのであり、それに並行して流通革命としてスーパーや大型量販店がつぎつぎ誕生し、それらすべてが大量生産・大量消費を後押しすることになります。その結果、50年代には夢物語でしかなかった冷蔵庫や洗濯機やテレビ等の家電製品が多くの家庭に行き渡り、その後さらに3Cと言われたカー、クーラー、カラーテレビも普及し、都会では道路の舗装が進み、都市を結ぶ高速道路も整備されていきました。こうして「戦後」という時代が終わったのです。

しかしその経済成長には影の面が付き纏っています。自動車産業の成長・発展の背後には「交通戦争」とまで語られた交通事故の多発があり、70年代には交通事故の死傷者数は年間百万人近く、死者だけで年間1万人前後に及んでいます。言うならば、自動車産業発展のための犠牲者だったのです。他方で60年代の化学工業発展の裏には、水俣や四日市での悲惨な公害があったことは、いまではよく知られています。政府も通産省も公害の発生を知りながら、経済成長を続けるために長期にわたって隠蔽し黙認してきたのです。「国益」「公益」のためには、開発によって自然環境や地域の共同体が破壊され、現地の人たちが不利益を蒙り、ときに慣れ親しんだ土地を追われることも、そしてまた日本経済の発展のためには、営利を第一義とする企業によって引き起こされた公害で健康を害し、ときには命を落とすことまでも、すべてやむをえないと切り捨てるのは、明治以来今日にいたるまでの日本政府の変わらない態度だったのです。

その後、70年代には、日本の企業はそれなりに厳しくなった国内での公害規制を逃れ、またより安価な労働力を求めて、アジアの諸国に生産拠点を移してゆくことになります。しかしそれも、アジアの経済発展と労働賃金の上昇によって旨みは減ってゆき、こうして世界はグローバリゼーションの時代に入ってゆきました。

先に触れた尾身の『科学技術立国論』は、1996年、高度成長後のバブル経済が崩壊した時代、かつての70年代までの高度成長の条件が失われた時代に出版されたものです。そこには「それまで〔高度成長期まで〕日本企業はつねに先行ランナーを目標にしながら、距離をつめ、肩を並べるための努力をしてきたのだが、ここに至り現実に先進諸国と並んで走ることになってきたのである。一方、フロントランナーの一員となった日本は、今度は逆に追われる立場となる」との現状認識をふまえて書かれています。

科学技術の分野においてフロントランナーの時代に入った日本としては、創造的発想を生み出す創造的社会を実現するために、我が国のこの〔日本的と言われる〕風土・システムにメスを入れ、社会全般にわたって、「個人の自由な発想と創造力」を育て、行動に発展させられるような「柔軟で競争的な社会」へと転換させなければならない。

その社会は、「年功序列から能力主義へ」、「規制緩和による自由競争へ」、「厳しい評価と適切な処遇へ」という流れを持つことになろう。21世紀の科学技術立国を望む方向性とはそのようなものである。(150)

この尾身の「21世紀科学技術立国論」は70年代までの高度成長にかわる新しい成長経済の行き

方、つまりグローバリゼーションの時代に日本の資本主義が生き延びるための指針として語られているものであって、それは端的に効率性と能力主義そして競争原理に貫かれた「新自由主義」の宣言そのものです。

「年功序列から能力主義へ」、「厳しい評価と適切な処遇へ」とあるのは、かつての長期安定雇用と年功賃金を基軸とする日本型雇用関係では企業はもはややってゆけなくなったという判断のもとに、労働者を分断し、専門的技能を要する部門には少数の有能な人材を正規社員として囲い込み、他方で、その他の代替可能な部分は非正規で身分の不安定なバイトや派遣職員に委ねるということを意味しています。それが「柔軟で競争的な社会」の意味であり、こうして一方では正規労働者のノルマの苛酷な増大がもたらされ、「過労死」というおぞましい言葉が生まれ、他方で増加する非正規労働者の低賃金化と雇用期間の短縮が進められ、このようにして正規労働者と非正規労働者の格差が拡大していったのです。「もはや利潤をあげる空間がないところで無理やり利潤を追求すれば、そのしわ寄せは格差や貧困という形をとって弱者に集中します」と水野和夫が言っているとおりのことになっています。

日本では「構造改革」と称されたこの変化が、尾身の言う「規制緩和による自由競争へ」だったのです。経済成長の条件が失われた状態での資本主義の延命策ですが、「能力主義」と「自由競争」は個々の労働者の貧困化を「自己責任」と見なし、「規制緩和」は弱い立場の労働者を守るための規制や社会的な救済措置としてのセーフティーネットの縮小や撤廃をもたらすことを意味します。それはまた医療の営利事業化、保健所の削減や病院の統廃合にも表れています。

戦後の復興がゼロから、つまりなにもない白紙の状態からスタートし、個々人の努力と勤勉によって達成されたという歴史観は、このような能力主義・競争原理の提唱と裏腹なのです。

それがなにをもたらしたのでしょうか。この尾身の書が出た翌年、山一證券と北海道拓殖銀行が経営破綻し、日本経済は長期の停滞過程に入ってゆき、以来、労働賃金は抑制され雇用が解体されてゆきました。「新自由主義」による「構造改革」が語られてから四半世紀経た現在、実現されたものは、尾身の言う「創造的発想を生み出す創造的社会」とはほど遠く、地方の衰退と格差の拡大、富の偏在と労働者の貧困に他なりません。尾身の書から12年後、「派遣切り」が横行し、年の暮れに仕事も住居も失った派遣労働者たちに寝泊まりの場と炊き出しを用意した２００８年の「年越し派遣村」のニュースは、そのもたらした現実を垣間見せましたが、それからさらに12年後の２０２０年の暮れには、コロナ禍も相まって、より深刻なより拡大された形でそれが再現されています。コロナは医療が営利事業化されるなかにあって、貧しい人たちにより大きな打撃を与え、格差をさらに拡大しているのです。

しかし日本における成長経済の延命策は、これだけではありません。実際、語られている「新自由主義」がすべての経済活動を「自己責任」にしたわけでは決してないのです。たとえば原発政策はその対極に置かれています。「自己責任」というのであれば、東電という企業はとっくに潰れていたはずです。実際、市場原理に委ねられたならば、その収益性からもリスクの大きさからも忌避されたであろう原子力開発に対する国家の異常なまでの介入、そして電力会社だけではなく、「原発御三家」と言われる三菱重工・日立・東芝や、さらには原発建設にあたる大手建設会社の支援をも目的とする原発関連産業に対する手厚い保護は、新自由主義のもとでも続けられていたのです。それは、高度成長後も放棄されることのなかったエネルギー政策の場における総力戦体制の展開なのです。

こうして70年代以降、中央官庁（通産省－経産省）と地域独占企業としての電力会社と原発メーカーとゼネコン、そして中央と地方の有力政治家と中央の大学の御用学者たちからなる利権集団として原子力村が形成され、潤沢な宣伝費でマスコミを取り込み、事故情報を隠蔽し、安全神話をふりまき、交付金で地方自治体を抱き込んで地元の反対を押しつぶし、原発建設を推進していったのです。そして挙句にそれが福島で世界最大で最悪の原発事故をひき起こしたのですが、しかし誰一人として責任をとらず、原子力村は反省を示すこともなくその後も原発維持を追求しているのです。

そして原発推進に見られたのとまったく同様の構造を、より矮小なかたちで、リニア中央新幹線プロジェクトに見ることができます。すなわちそれは、中央官庁（運輸省－国交省）と地域独占企業としての鉄道会社と車両メーカーとゼネコン、そして中央と地方の有力政治家と中央の大学の御用学者たちが一体となって、ときには事故情報を隠蔽し、安全神話をふりまき、マスコミを抱き込み、地元の危惧や反対の声を無視して推進されているのです。

このように、21世紀に入ってかつての高度成長の条件は事実上失われているにもかかわらず、保守政党と中央官庁と財界からなる権力ブロックは、成長経済の継続的遂行を追求しています。先に見た「フロントランナー」といった尾身のかなり思い上がった表現は、「経済戦争」に勝利したという大国主義ナショナリズムの自己満足を滲ませています。官民一体となって日本経済を発展させ、世界有数の重化学工業国家に戦後日本を育て上げたという「高度成長の成功体験」に、権力ブロックは今なお囚われているのです。

もちろんそれは、政官財のあいだに戦後数十年間にわたって形成されてきた強固な利権構造を今後も維持するという現実的な目的を遂行するためでもあります。

かくのごとく「新自由主義」はきわめてご都合主義的に実施されているのであり、そのことは、これまでの政財界よりなる権力ブロックのおそるべき退廃をもたらしています。実際、たとえば東電と関電が筆頭株主になっている日本原子力発電（原電）では、福井県の敦賀原発2号機の再稼働に向けての審査資料の、敷地内の活断層に関する重要な地質データの書き換えが発覚しています（『毎日』20年12月1日）。しかしそれは、氷山の一角です。政権の座にある有力政治家が平気で虚言を口にし、上級官僚が保身のためそれに迎合するというような政官サイドの腐敗と劣化もあいまって、財のサイドの退廃、すなわち「一流」と言われていた日本を代表するようないくつもの企業が、たとえば東芝が不正会計に手を染め、三菱自動車、神戸製鋼、日産自動車、日立化成その他の名の知れたいくつもの企業が検査データを改竄するような、あるいは「大企業」である電力会社の経営陣が地方自治体の有力者から多額の金品を受け取るというような、底知れない腐敗と倫理的逸脱をもたらしているのです。

さきに条件のないところで無理やり経済成長を追求すれば歪みとしわ寄せをもたらすと言いましたが、その歪みは権力ブロックの退廃に、そしてしわ寄せは格差の拡大と労働者の貧困化に現われています。かくして日本の資本主義は、一方では新自由主義の旗印のもとに労働者に対してはより一層の犠牲を強いながら、他方では、21世紀の世界的な産業構造の転換に適応しえなくなっているのです。

国が指導した原発政策は世界で最大級の原発事故を生み、それは今なお汚染水を生み続け、人の立ち入りを拒んでいます。福島の現状は「まったくのお手上げ状態」なのです(151)。それと同時に、その後の日本政府肝いりの成長戦略の一環としての原発輸出もまた、ことごとく破綻しています。この輸出戦略の破綻は、これまで国策企業として政府に手厚く保護されてきた日本のメーカーの経営体質や営業スタイルが海外では通用しなかったことと同時に、福島の教訓から学ぼうとしない日本が、持続可能な社会への転換にむけて脱原発を成し遂げ再生可能エネルギーへの転換をはかるという世界の趨勢に決定的に立ち遅れていることを示しています。

安倍前政権が推進してきた成長戦略は、外国人観光客誘致すなわちインバウンド政策とならんで原発輸出と新幹線輸出そして武器輸出だったのですが、現在では総崩れの状態です。

日本の兵器産業は、朝鮮特需で息を吹き返し、以来、国を唯一のそして景気の動向に左右されることのない確実な顧客として、自衛隊の誕生と増強そして軍事費の増大とともに成長を続けてきたのです。しかし以前は武器輸出三原則があったために、貿易面では抑制されていました。武器輸出三原則は、もともとは佐藤内閣のもとで共産圏への武器輸出を禁ずる目的で提起されたものですが、1976年に三木内閣が武器輸出を原則禁止するものとして拡大し厳密化することで確定されたものです。それは例外規定があり完全なものではなかったものの、とくに中曽根内閣のときに例外規定が拡大されかなり骨抜きにされたものの、それなりに維持されていたのです。

しかし、安倍政権は、2014年にこの武器輸出三原則を事実上撤廃し、それに代ってむしろ輸出を奨励することになる防衛装備移転三原則を閣議決定し、こうして武器輸出が事実上全面解禁され、成長戦略に組み込まれていったのです。とするならば、成長戦略を維持し継続することは、世界の趨勢に反してエネルギー浪費のリニアを「成功」させてふたたび鉄道建設で世界のトップに立ち新幹線を輸出し、そして平和憲法に反して世界の「死の商人」になり、世界のどこかで戦争が起こるのを待望することを意味しますが、どちらも採るべき途ではありません。

明治期に日本は独立を確保し、さらに国際的なステータスを獲得するために「文明開化・殖産興業・富国強兵」をスローガンとして軍事と産業での「近代化」を追求しました。しかしこうして「脱亜入欧」を果たした日本は帝国主義列強クラブに仲間入りし、覇権主義的ナショナリズムに突き動かされ朝鮮と台湾を植民地支配し、総力戦体制によって「軍事大国」に突き進み、資源を求めて東アジアの諸国を侵略し、その挙句に1945年8月の破局を迎えたのです。戦後、その覇権主義的ナショナリズムを十分に反省することなく、戦時下の総力戦体制の遺産をもとに、ふたたび「技術立国・経済成長・国際競争」をスローガンにして「戦後版の総力戦」としての経済成長を成し遂げ、「経済大国」へと成り上がった日本は、その後、長期の経済停滞を経て、2011年に第二の破局とも言うべき福島の大事故を引き起こしたのです。しかし、にもかかわらず日本は、その後も原発に固執することで、世界の趨勢にとり残されてゆくことになったのです。

そして今、新型コロナウイルスによる感染症のパンデミックにより、第三の破局を迎えつつあります。東アジアの国の中で日本はコロナによる打撃がもっとも深刻な国に位置していますが、その原因としては、都市とくに東京への人口と産業の集中がきわめて大きいこととともに、発生以来の政府の無策にも近い対応の不適切さが考えられます。政府の無策の大きな原因として、

２０２０年に予定していた東京オリンピックを開催するために、コロナ感染症の国内での被害を過少に見せたいという思惑が働いていたことが指摘されています。それは２０２０年春の段階でもそうであったし、またその年の暮れの段階でもそうです。権力者がオリンピックを政権浮揚の手段のように見なしてきたことに対する高い対価を払わされたのです。

先の福島の原発事故と今回のコロナ禍は世界史的な事件です。したがってそれは、世界史的な転換のはじまりなのです。

福島とコロナによる破局は、中央集権的な国家の指導によって営まれる、都市が大規模化して都市に人口が集中し、資源とエネルギーを大量に消費する20世紀的重化学工業が基幹産業に位置する時代の終焉を意味しています。そのことは、これまでのような大量生産・大量消費・大量廃棄によって成り立ち、つねに経済成長を求め続ける資本主義的経済がもはや立ち行かなくなったことを示しているのです。そのことはまた、資源の枯渇という面だけではなく、人間の生存条件としての地球のキャパシティーを越えるという点でもそうなのです。

とくに日本では、明治以降初めての人口減少を迎えているということもあいまって、明治以来の大国主義ナショナリズムに囚われた近代化と戦前昭和以来の総力戦体制の最終的な破綻を表しているのです。

前節で見ていった、ポスト資本主義のあり方として、脱成長を掲げ定常型社会をめざし、中央集権主義を排し、エネルギーや資源を過剰に消費しない、地方分権的・分散的システムに向かうべきであるという多方面からの提言は、このような現状からの脱却の必然的でかつ現実的な行き方でしょう。その後のことについて、ポスト資本主義のあり方の一般的な議論にさしあたっては入り込まなくとも、「持続可能をベースに真に安定した経済（定常経済＝経済成長を目的としない経済）を確立するには遅すぎるかもしれない。しかし地域レベルでレジリエンス（衝撃に耐える能力）のある小さなシステムを構築し、来たるべき経済、社会、生態への衝撃に耐えられるようにするのに、遅すぎることは決してないのである」(152)という『崩壊学』の提言に希望を託することはできるでしょう。

大きな物語は語れないにせよ、少なくとも、これまでの社会システムやプロジェクトのひとつひとつに対して、ポスト福島、ポスト・コロナの観点から見直されるべきもの、否定されるべきものの指摘はできるし、またしなければならないでしょう。その典型的な例が、いうまでもなく中央における政官の複合体と地域独占企業そして地域の有力政治家のブロックによって進められてきた原子力発電であり、そしてリニア中央新幹線計画なのです。

あとがき

私は、とくに鉄道マニアというわけではありませんが、1980年代に、父が死んで母が一人になったので、勤務先の予備校にお願いして週一回大阪校での授業を受け持たしてもらい、ほぼ10年間、毎週、東海道新幹線で東京－大阪間を往復していました。新幹線に対する関心の始まりです。私がJR東海によるリニア中央新幹線計画の「問題性」に注目したのは、福島の原発事故の直後に国土交通省が、原発事故に対するなんの反省もなくリニア計画にお墨付きを与えたことを知ったときからです。というのも、従来の新幹線の2倍の速度で動けば2の2乗倍つまり4倍ものエネルギー（電力）を要するというのは、初等力学の教えるところだからです。

昨年、水問題をめぐるJR東海と静岡県の対立が報道されたとき、私は関わっている10・8山﨑博昭プロジェクトのホームページにリニア計画について思うところを表明したのですが、いくつか反響があり、みすず書房編集部の市原加奈子さんから本にしないかと勧められました。

出版にさいしては、みすず書房の守田省吾氏が強くサポートして下さいました。本ができるまで、市原さんからは何点かの有益なアドヴァイスを頂き、また鉄道問題に詳しい原武史氏を守田氏に紹介して頂いたのですが、氏は初稿に眼を通したうえでいくつもの貴重な指摘を下さいました。そして校正者の方には、多くの事実についての厳密なファクト・チェックを負っています。これらの方々、そして山崎プロジェクトのホームページを管理している事務局の皆さんに、厚く御礼申し上げます。

２０２1年3月　福島原発事故から10年、コロナ・パンデミックの東京で

山本義隆

初出

本書は「10・8山崎博昭プロジェクト」ウェブサイト（yamazakiproject.com）に掲載された以下の記事をもとに、大幅に加筆・改稿して書籍化したものです。

・コロナと旅とリニア中央新幹線——コロナに思う　その2（上・下）（２０２０年7月）
・再度リニア新幹線について、そしてポスト・コロナ——コロナに思う　その3（２０２０年9月）

注 記

（初出の箇所では各文献の著者名・発表年を太字で示す.）

1） Servigne, P. & Stevens, R. 2019,『崩壊学』（原著 2015），鳥取絹子訳，草思社，p. 97.

2） そのときの挨拶全文は岩波書店発行の雑誌『図書』2019.9 に掲載.

3） **リニア・市民ネット編著 2013,**『危ないリニア新幹線』緑風出版．ここではとくに，**川村晃生 2013,**「はじめに――知られざるリニアの実体」，p. 10 より．

4） **樫田秀樹 2014,**『“悪夢の超特急”リニア中央新幹線』旬報社，pp. 53ff.
樫田秀樹 2012,「疑問だらけのリニア新幹線　そもそも必要か？」『世界』2012.9.
樫田秀樹 2017,『リニア新幹線が不可能な 7 つの理由』岩波ブックレット，p. 8.
橋山禮治郎 2014,『リニア新幹線　巨大プロジェクトの「真実」』集英社新書，p. 153.

5） **角本良平 1995,**『新幹線　軌跡と展望　政策・経済性から検証』交通新聞社, pp. 20, 148. また p. 40 も参照.

6） 『日経ビジネス』2018.8.20, 特集「リニア新幹線　夢か、悪夢か」pp. 38ff.

7） **松島信幸 2013,**「南海トラフ巨大地震とリニア中央新幹線」リニア・市民ネット編著 前掲書 2013, p. 6. この間の経緯については『日経ビジネス』2018.8.20 の特集および 樫田 前掲書 2014, 第 2 章に詳しい.

8） **川辺謙一 2020,**『超電導リニアの不都合な真実』草思社，p. 124. リニア実験線での事故については，同書 7-1, 7-2 に詳しい.
宗像充 2012,「南アルプスをリニア新幹線が貫くとき　破壊される現場を歩く」『世界』2012.9.

9） 橋山 前掲書 2014, p. 80.
橋山禮治郎 2011,『必要か、リニア新幹線』岩波書店，p. 82.

10） **宗像充 2015,**「どうなる？　リニア新幹線計画と南アルプスの未来」『山と渓谷』2015.1. ここでは「……」は原文ママ.

11）交通新聞編集局編 1990,『時速 500 キロ「21 世紀」への助走　―リニア・マグレブ　山梨実験線へ向けて―』交通新聞社，p. 80. 次頁からの引用は同 p. 82.

12）澤田一夫・三好清明 1991,『翔べ！リニアモーターカー』読売新聞社，p. 4.

13）須田寛 1994,『東海道新幹線三〇年』大正出版，p. 213.

14）阿部修治 2013,「エネルギー問題としてのリニア新幹線」『科学』2013.11. 論文では，東京－名古屋間の距離は新幹線のほうが長いが，山間部をゆくリニアは急勾配を登るため距離の短縮と相殺されるとして，距離の違いは無視している.「磁気抗力」については後述，「機械抵抗」は，時速 150km を超えて浮上するまでゴムタイヤで走りつづけるときの摩擦に抗する力.

15）川辺 前掲書 2020, p. 115.

16）新宮原正三 2016,『科学技術の発展とエネルギーの利用』コロナ社，p. 75.

17）橋山 前掲書 2011, pp.123, 13.

18）葛西敬之 2017,『飛躍への挑戦』ワック，pp. 194f., 192.

19）岩田章 1991,『応用超伝導』講談社ブルーバックス，pp. 25ff., 21.

20）日本機械学会編 1999,『高速鉄道物語 ―― その技術を追う』成山堂書店，p. 147.

21）京谷好泰 1990,『リニアモータカー　超電導が 21 世紀を拓く』NHK ブックス，pp. 52, 76.

22）懸樋哲夫 2013,「リニアのジレンマ」リニア・市民ネット編著 前掲書 2013, p. 222.

23）中村信二 1978,「HSST の開発について」『日本航空宇宙学会誌』第 26 巻，pp. 500ff.　HSST は 'High Speed Surface Transport' の頭文字で，磁気浮上，リニア・モーター推進による高速地表輸送機の名称.

24）澤田・三好 前掲書 1991, p. 150.

25）岩田 前掲書 1991, p. 14.
京谷 前掲書 1990, p. 96.

26）須田 前掲書 1994, p. 231.

27）京谷好泰・荻原宏康監修 1988,『超電導応用技術　実際と将来』シーエムシー，pp. 78ff.

28）小島英俊 2015,『鉄道技術の日本史　SL から、電車、超電導リニアまで』中公新書，p. 218.

29）川辺 前掲書 2020, p.110, および p.310 も参照.

30）葛西 前掲書 2017, p. 337f.
川辺 前掲書 2020, pp. 256-62.

31）川辺 前掲書 2020, p. 267f.

32) 川辺 前掲書 2020, p.121f. 宮崎実験線でのリニアの火災事故については，懸樋 前掲論文 2013，リニア・市民ネット編著 pp. 204ff. に詳しい．
33) 懸樋 前掲論文 2013, pp. 213ff.
34) 樫田 前掲書 2014, p. 61 の表.
まさのあつこ 2012,「「夢の超特急」見切り発車が許されるカラクリ」『週刊金曜日』2012.8.3.
35) 新宮原 前掲書 2016, p. 75.
橋山 前掲書 2014, pp. 139, 12.
36) 樫田 前掲論文 2012.
37) **西尾漠** 2003,『なぜ脱原発なのか？』緑風出版，p. 150.「……」は原文ママ.
西尾漠 2006,『新版　原発を考える 50 話』岩波ジュニア新書，p. 186.
『東京新聞』1986.7.17.
『電気新聞』1989.1.1.
38) 樫田 前掲論文 2012 より.
39) 川辺 前掲書 2020, p. 335 より.
40) **金子勝** 2019,『平成経済　衰退の本質』岩波新書，p. 183.
41) **宇都宮浄人** 2012,『鉄道復権　自動車社会からの「大逆流」』新潮社，p. 63.
菅建彦 1994,「日本とヨーロッパ　高速鉄道システムを比較する」『鉄道ピクトリアル』1994.1.
42) **読売新聞社社会部編** 1972,『東京をどうする　破滅か再生か』豊島書房，p. 288.
43) 角本 前掲書 1995, p. 97.
川辺 前掲書 2020, pp. 147ff.
44) **川島令三** 1988,『新幹線事情大研究』草思社，p. 102.
45) **奥猛・京谷好泰・佐貫利雄** 1971,『超高速新幹線　東京・大阪一時間』中公新書，p. 24.「第一東海道新幹線」とあるのはもちろん東海道新幹線のことで，60 年代末に東海道新幹線の利用者が急増したので併走する，より高速の新幹線の建設が検討され，それが 69 年の新全総で「第二東海道新幹線」と語られていたものである．ただしこの書で言われているのは，リニア中央新幹線のこと．
46) **市川宏雄** 2013,『リニアが日本を改造する本当の理由』メディアファクトリー新書，p. 105.
47) 角本 前掲書 1995, pp. 59, 112ff.
48) **佐々木信夫** 2019,『この国のたたみ方』新潮新書，p.163.
49) 菅 前掲論文 1994, p. 28.

50）**原武史** 2011,『震災と鉄道』朝日新書，p. 86.
51）奥・京谷・佐貫 前掲書 1971, pp. 22-24.
52）**橋山禮治郎** 2018,『日経ビジネス』2018.8.20, p. 24.
53）原 前掲書 2011, p. 89.
54）宇都宮 前掲書 2012, pp. 212ff. この事実については，原 前掲書 2011, pp. 103-105 に詳しい.
上岡直見 2016,『鉄道は誰のものか』緑風出版，pp. 164ff. にも同様の記述あり.
55）角本 前掲書 1995, p. ii.
56）川辺 前掲書 2020, p.183.
57）樫田 前掲書 2014, pp. 83ff.
同 前掲論文 2012.
58）橋山 前掲書 2014, pp. 10ff.
59）佐々木 前掲書 2019, p.124.「関西州」とあるが，筆者は道州制論者で，「関西州」は滋賀・京都・大阪・兵庫・奈良・和歌山の 6 府県よりなる.
60）葛西 前掲書 2017, p.177.
61）須田 前掲書 1994, p. 260.　同 p, 212 も参照.
62）**佐藤信之** 2013,『鉄道会社の経営　ローカル線からエキナカまで』中公新書，p. 91.
63）**神谷拓雄** 1989,「リニアモーターカーの意義と 21 世紀への期待」『土木学会誌』1989.1.
64）橋山 前掲書 2011, p. 161.
65）角本 前掲書 1995, p. 95. この前段の新全総の要旨は同 p. 94 より.
66）角本 前掲書 1995, p. 114.
67）上岡 前掲書 2016, p. 216 より.
68）原 前掲書 2011, p. 119.
69）**川村晃生** 2013,「実験線現地の山梨」リニア・市民ネット編著 前掲書 2013, pp. 231, 22ff.
70）**櫛引素夫** 2020,『新幹線は地域をどう変えるのか』古今書院，p. 80.
71）佐藤 前掲書 2013, p. 255. この点については 原 前掲書 2011, pp. 69, 171-175 参照.
72）櫛引 前掲書 2020, p. 26. この後の記述は同 pp. 92ff.
73）**天野建** 2001,『明日の山梨』山梨ふるさと文庫，pp. 184ff.
74）上岡 前掲書 2016, pp. 167,215.
橋山 前掲書 2011, pp. 15, 124.
75）このことを業界用語で「土《ど》かぶり 1400m」と言う（図 4）. 不思議なことにこの言葉は,『広辞苑』を含め，めぼしい国語辞典には載っていない.

76) **河本明代 2013**,「大鹿村リニア騒動記」リニア・市民ネット編著 前掲書 2013, p. 239. この小委員会の審議会については，同書所収の橋山論文「リニア中央新幹線の採算性」pp. 159ff. に詳しい．

77) **樫田秀樹 2020**,「「オール静岡」が問うリニア建設」『世界』2020. 12.

78) 川村 前掲論文 2013（リニア・市民ネット編著 前掲書 2013 所収の二論文），pp. 231f. また pp. 14ff. も参照.
樫田 前掲書 2017, p. 18, 同 2014, p. 117 参照.

79) 橋山 前掲書 2011, p. 133. なお「2 次連立方程式、3 次連立方程式」は「2 元連立方程式、3 元連立方程式」が正しい表現.

80) 樫田 前掲書 2014, p. 220, 宗像 前掲論文 2012. エコパークについては，さらに『山と渓谷』2015. 1 の特集「危機に立つ南アルプスの自然」参照.

81) 橋山 前掲書 2011, p. 136.

82) 樫田 前掲書 2014, p. 121. 同 前掲書 2017, p. 15. この本には各地の残土処理と現地の対応が詳しく書かれている．

83) ポルトランド・セメントの主成分は酸化カルシウム CaO で，石灰石（炭酸カルシウム）$CaCO_3$ を燃焼して作られ，このとき炭酸ガス CO_2 が発生する．すなわち $CaCO_3 \rightarrow CaO + CO_2$.

84) **中島林彦 2000**,「21 世紀の交通インフラの条件」『日経サイエンス』2000.4.

85) **東京電力株式会社広報部 2004**,『原子力発電の現状 2004 年度版』，p. 76. なお，この冊子には「原子力発電は核分裂によって生じたエネルギーにより発電するもので燃焼を伴わないため，発電過程において CO_2〔炭酸ガス〕…… などを発生させないことから，地球温暖化の防止の観点で優れた発電方法の 1 つといえます」とある（p.25).

86) 上岡 前掲書 2016, pp. 210ff.

87) **井上孝司 2009**,『超高速列車 新幹線 対 TGV 対 ICE』秀和システム，p. 225.

88) 交通新聞編集局編 前掲書 1990, p. 126.
樫田 前掲書 2014, p. 126. これに対して橋山 前掲書 2011, p. 104, および同 前掲書 2014, pp. 43ff. には，トンネルの有効断面積 74㎡とある．**鉄道総合技術研究所編 2006**,『ここまで来た！超電導リニアモーターカー』交通新聞社，p. 234 および川辺 前掲書 2020, p. 294 には「山梨実験線ではトンネル内は有効断面積 74 平方メートル」とあるので，橋山の使っている断面積の値は山梨実験線のものと思われる．
上岡 前掲書 2016, p. 201.

89) 樫田 前掲書 2017, pp. 10f., 17.

90) 上岡 前掲書 2016, p. 210.

91) **野沢太三 2010**,『新幹線の軌跡と展望　国会で活路を拓く』創英社，p. 167. この後の引用は p. 192 より.
92) **丸山重威 2018**,「住宅の真下に巨大トンネル」『週刊金曜日』2018.3.2
丸山重威 2018,『住宅の真下に巨大トンネルはいらない！』あけび書房.
93) 松島 前掲論文 2013, リニア・市民ネット編著 前掲書 2013, pp. 58, 46.
石橋克彦 2020,「ポストコロナの日本、リニア原発震災、柏崎刈羽原発」柏崎刈羽原発の閉鎖を訴える科学者・技術者の会 Newsletter No.14, 2020.7.11 参照.
94) 宗像 前掲論文 2012.
上岡 前掲書 2016, p. 204.
ほぼ同様の記述は樫田 前掲書 2014, p. 144 にもあり.
95) 角本 前掲書 1995, pp. 44f.
96) **山口勝弘・山崎清 2009**,「中央リニア新幹線導入が経済と環境に及ぼす影響」『交通学研究　2009 年研究年報』.
97) **梅原淳 2013**,「リニア新幹線に未来はあるか？」リニア・市民ネット編著 前掲書 2013, p. 31.
98) **佐野宏 1989**,「リニアモーターカー中央新幹線にかける関西の期待」『土木学会誌』1989.1.
99) **梅原淳 2012**,「リニア中央新幹線のここが知りたい」『週刊金曜日』2012.8.3.
100) 橋山 前掲書 2011, p. 111, および同 前掲書 2014, pp. 101ff., 123ff. 同様の判断は，樫田 前掲書 2014, pp. 172ff. にもあり．そこには労働組合 JR 東海労の書記長による同様の指摘もあり.
101) 橋山 前掲書 2011, pp. 108ff.
102) 橋山 前掲書 2014, p. 13.
103) 須田 前掲書 1994, p. 258.
104) 橋山 前掲書 2014, pp. 124, 194, 200.
樫田 前掲書 2017, p. 57.
『毎日新聞』2020.7.16.
105) 葛西 前掲書 2017, p.176.
川辺 前掲書 2020, pp.157, 185
橋山 前掲書 2011, p. 140, 同 前掲書 2014, p. 26.
106) 川辺 前掲書 2020, pp.188f.
107) 橋山 前掲書 2011, p. 144. 樫田 前掲論文 2012 参照.
108) 橋山 前掲論文 2013, p. 160.
109) **鈴木康文 1993**,「鉄道車両の高速化と新材料」『鉄と鋼』1993.8. km/h は時速，TGV は Train à Grande Vitesse（超高速列車）の略.

110) 角本 前掲書 1995, p. 33.

111) 天野 前掲書 2001, p. 185.

112) **池内了 2014,**『科学・技術と現代社会 上』みすず書房, pp. 95ff. 同 p. 304 も参照. この次の行の引用は, 同 p. 382 より.

113) **佐藤文隆 2004,**『孤独になったアインシュタイン』岩波書店, p. 21f. 佐藤の書にはノーベル賞 100 周年記念展を日本に誘致したのは日本学術会議とあるが, これは日本学術振興会の誤りのようである.

114) 橋山 前掲書 2014, pp. 18ff., 22ff., 27.

115) 澤田・三好 前掲書 1991, p. 4.

116) 原 前掲書 2011, p. 176.

117) 小島 前掲書 2015, pp. 215ff.

118) **飯田経夫 1989,**「リニアモーターカーの意義と期待」『土木学会誌』1989.1.

119) 橋山 前掲書 2014 pp. 60ff. 同 p. 150 も参照. まったく同様の指摘は 原 前掲書 2011, pp. 179ff. にあり.

120) 奥・京谷・佐貫 前掲書 1971, p.27.

121) 上岡 前掲書 2016, p. 200.

122) 橋山 前掲書 2014, p. 203, 同『東京新聞』2017.12.14.

123) 前者の「のぞみ」の事故については『毎日新聞』2017.12.16 の記事「新幹線 ゆらぐ安全」に, 後者の事故については**川島令三 2005,**『なぜ福知山線脱線事故は起こったのか』(草思社) に, またこの 2 つの事故については**松本創 2016,**『軌道』(東洋経済新報社) に詳しい.

124) 原 前掲書 2011, pp. 49ff.

125) 樫田 前掲書 2014, pp. 137-141.

126) **老川慶喜 2019,**『日本鉄道史 昭和戦後・平成篇 国鉄の誕生から JR7 社体制へ』中公新書, p. 275.

127) **戸田清 2012,**『〈核発電《ゲンパツ》〉を問う 3・11 後の平和学』法律文化社, p. 82.

128) **石橋克彦 2020,**「変わる社会経済様式」『静岡新聞』「視標」2020.7.2. 同 前掲論文 2020,「ポストコロナの日本、リニア原発震災、柏崎刈羽原発」も参照.

129) 金子 前掲書 2019, p. 192 および同 pp. 201ff.

130) **飯田哲也・金子勝 2020,**『メガ・リスク時代の「日本再生」戦略』筑摩選書, pp. 183f., 186, 191, 18f.

131) **広井良典 2015,**『ポスト資本主義 科学・人間・社会の未来』岩波新書. 以下に続く同書からの引用は, 該当箇所の頁のみを末尾に記す.

132) 飯田 前掲論文 1989.

133) **水野和夫 2014,**『資本主義の終焉と歴史の危機』集英社新書, p. 49.

134)　**広井良典 2001**,『定常型社会　新しい「豊かさ」の構想』岩波新書，pp. 149ff., p. 164.

135)　**吉見俊哉 2009**,『ポスト戦後社会』岩波新書，p. 43.

136)　**Mumford, Lewis 1973**,『権力のペンタゴン』（原著 1970），生田勉・木原武一訳，河出書房新社，pp. 460ff.

137)　Servigne & Stevens 前掲書 2019, pp. 59, 61ff. ……は原文ママ．この後の引用は，同 p. 83.

138)　水野 前掲書 2014, pp. 12, 13, 131, 12.

139)　水野 前掲書 2014, p. 135.

140)　**斎藤幸平 2020**,『人新世の「資本論」』（集英社新書）が地球システムにかんして認識の基礎に置いている「社会経済の動向」と「地球システムの動向」の統計指標（同 p. 25, 図 4）は，Servigne & Stevens『崩壊学』（2019, 前掲）での人新世の統計指標（pp. 33f., 図 2）と同一の典拠によるものである．

141)　斎藤 前掲書 2020, pp. 32, 37, 80, 99, 117.

142)　斎藤 前掲書 2020, p.37, Servigne & Stevens 前掲書 2019, p.35.

143)　広井 前掲書 2001, pp. 162ff.

144)　**尾身幸次 1996**,『科学技術立国論』読売新聞社，p.12.

145)　詳しくは拙著 2018,『近代日本一五〇年 ―― 科学技術総力戦体制の破綻』岩波新書，第 6 章を参照していただきたい．

146)　**Moore,Aaron S. 2019**,『「大東亜」を建設する ―― 帝国日本の技術とイデオロギー』（原著 2013），塚原東吾監訳，人文書院，pp. 308, 309. 末尾，訳書原文では「格差を拡大をさせた」とあるが誤記と判断して「格差を拡大させた」と記した．

147)　**橋本寿朗　1995**,『戦後の日本経済』岩波新書，p. 84.

148)　**星野芳郎　1956**,『現代日本技術史概説』大日本図書，p. 270.

149)　橋本 前掲書 1995, pp. 90f.

150)　尾身 前掲書 1996, p. 67. この前の引用は pp. 13f.

151)　Servigne & Stevens 前掲書 2019, p. 125.

152)　Servigne & Stevens 前掲書 2019, pp. 206f.

著者略歴

(やまもと・よしたか)

1941年，大阪に生まれる．1964年東京大学理学部物理学科卒業．同大学大学院博士課程中退．現在 学校法人駿台予備学校勤務．科学史家．著書『知性の叛乱』(前衛社，1969)『重力と力学的世界――古典としての古典力学』(現代数学社，1981，ちくま学芸文庫，全2巻，2021)『演習詳解 力学』(共著，東京図書，1984，第2版，日本評論社，2011)『新・物理入門』(駿台文庫，1987，増補改訂版2004)『熱学思想の史的展開――熱とエントロピー』(現代数学社，1987，新版，ちくま学芸文庫，全3巻，2008-2009)『古典力学の形成――ニュートンからラグランジュへ』(日本評論社，1997)『解析力学』全2巻(共著，朝倉書店，1998)『磁力と重力の発見』全3巻(みすず書房，2003，パピルス賞・毎日出版文化賞・大佛次郎賞受賞，韓国語訳，2005，英語訳 *The Pull of History: Human Understanding of Magnetism and Gravity*, World Scientific, 2018)『一六世紀文化革命』全2巻(みすず書房，2007，韓国語訳，2010)『福島の原発事故をめぐって――いくつか学び考えたこと』(みすず書房，2011，韓国語訳，2011)『世界の見方の転換』全3巻(みすず書房，2014)『幾何光学の正準理論』(数学書房，2014)『原子・原子核・原子力――わたしが講義で伝えたかったこと』(岩波書店，2015)『私の1960年代』(金曜日，2015，韓国語訳，2017)『近代日本一五〇年――科学技術総力戦体制の破綻』(岩波新書，2018，科学ジャーナリスト賞，2019，韓国語訳，2019，中国語訳，2019)『小数と対数の発見』(日本評論社，2018，日本数学会出版賞，2020)．編訳書『ニールス・ボーア論文集(1) 因果性と相補性』『ニールス・ボーア論文集(2) 量子力学の誕生』(岩波文庫，1999-2000)『物理学者ランダウ――スターリン体制への叛逆』(共編訳，みすず書房，2004)．訳書 カッシーラー『アインシュタインの相対性理論』(河出書房新社，1976，改訂版，1996)『実体概念と関数概念』(みすず書房，1979)『現代物理学における決定論と非決定論』(学術書房，1994，改訳新版，みすず書房，2019)『認識問題(4) ヘーゲルの死から現代まで』(共訳，みすず書房，1996)ほか．監修 デヴレーゼ／ファンデン－ベルヘ『科学革命の先駆者 シモン・ステヴィン――不思議にして不思議にあらず』中澤聡訳(朝倉書店，2009)ほか．

山本義隆
リニア中央新幹線をめぐって
原発事故とコロナ・パンデミックから見直す

2021年4月9日　第1刷発行
2021年7月8日　第3刷発行

発行所　株式会社　みすず書房
〒113-0033 東京都文京区本郷2丁目20-7
電話 03-3814-0131(営業) 03-3815-9181(編集)
www.msz.co.jp

印刷・製本　萩原印刷

Printed in Japan
ISBN 978-4-622-08996-4
[リニアちゅうおうしんかんせんをめぐって]